极简降本增效

制造业**成本管理**新干法

王天江 著

中华工商联合出版社

图书在版编目（CIP）数据

极简降本增效：制造业成本管理新干法 / 王天江著． 北京：中华工商联合出版社，2024.10． -- ISBN 978-7-5158-4098-7

Ⅰ．F275.3

中国国家版本馆CIP数据核字第2024UE2481号

极简降本增效：制造业成本管理新干法

作　　者：	王天江
出 品 人：	刘　刚
责任编辑：	于建廷　效慧辉
装帧设计：	周　源
责任审读：	傅德华
责任印制：	陈德松
出版发行：	中华工商联合出版社有限责任公司
印　　刷：	北京毅峰迅捷印刷有限公司
版　　次：	2024年10月第1版
印　　次：	2024年10月第1次印刷
开　　本：	710mm×1000mm　1/16
字　　数：	240千字
印　　张：	14
书　　号：	ISBN 978-7-5158-4098-7
定　　价：	78.00元

服务热线：010-58301130-0（前台）
销售热线：010-58301132（发行部）
　　　　　010-58302977（网络部）
　　　　　010-58302837（馆配部）
　　　　　010-58302813（团购部）
地址邮编：北京市西城区西环广场A座
　　　　　19-20层，100044
http://www.chgslcbs.cn
投稿热线：010-58302907（总编室）
投稿邮箱：1621239583@qq.com

工商联版图书
版权所有　盗版必究

凡本社图书出现印装质量问题，请与印务部联系。

联系电话：010-58302915

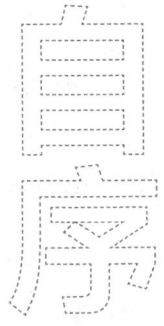

降本增效　顺应趋势

近年来,经济增速随着外部环境变化趋缓,行业内卷严重,降本增效随之成为大多数企业高质量发展的首选之路。在企业降本增效过程中,观念上的矛盾、决策上的斟酌、高层的作用、部门的职能、具体操作,都在不同程度和层面影响着降本增效的有效性和持续性。

首先,只考虑降本或只考虑增效,已经不能满足企业需求,统筹谋划降本和增效是当前经济形势下企业发展的必然趋势。并且,越早实施降本增效的企业,在行业的竞争力越强。

其次,降本增效问题主要通过财务报表集中显示,其在企业内部的压力传导从高层向下呈递减式,老板、财务负责人最为着急,压力迅速传导至高管,再逐渐向中层传递,基层及一线人员对降本增效则感受不深。

再次,企业降本增效仍停留在"看得见"的层面,对品质成本、时间成本、低值易耗品等"看不见""看不上"的层面挖掘不够。

最后,企业降本增效问题的影响因素是多维度的,既涉及高管和部门,又涉及具体操作问题,还涉及企业的决策和观念。

基于上述趋势与现实,我将读者提出的高频问题、在企业中观察到管理人员遇到的高频问题、各种培训中学员提出的高频问题进行了总结，结合多年来的实践经验汇集成书，筛选出经实践验证有效的做法，以帮助更多的人和企业。

本书秉持实战、实用、实效原则，根据管理和咨询实践总结了降本增效的各种规律，以最简单的问答方式叙述降本增效的问题点、观念、决策、方法、要点、步骤等，在回答中直接给出重点。大部分章节以案例方式呈现，每节文前均有该节降本增效切入点的总结，方便读者实际运用，每节独立成文，针对性阅读后即可用于解决问题。

欢迎您与我交流企业里的各种降本增效问题！

王天江

2024年1月25日于东莞

目录

第一章　降本增效的难点和关键点

一、企业亏损的主要原因有哪些？// 003

　　案例1　多年的经营呈现表面繁荣　危机来临亏损不断 // 004

　　案例2　管理粗放浪费严重　问题累积造成亏损 // 007

　　案例3　物料成本虚高　收货管控见效 // 011

二、企业降本增效管理的难点在哪里？// 012

三、领导层在降本增效中常见的错误观念是什么？// 017

　　案例4　小配件降价忽视质量　售后总费用成倍增长 // 019

四、制造型企业持续降本增效的关键因素有哪些？// 024

　　案例5　企业推行合理化建议活动超十年的秘诀 // 025

　　案例6　企业高管在企业十多年发展中遇到的"困惑" // 028

五、如何判断一家企业的降本增效潜力有多大？// 030

　　案例7　"望闻问切"实施行业对标　精准诊断降本增效潜力 // 031

第二章　如何构建降本增效管理体系

一、企业成本高的根源是什么？// 039

　　案例8　倡导节约用电　折射老板观念 // 040

二、通过绩效考核来实现降本增效有效吗？// 046

　　案例9　企业老板们推行的绩效考核 // 048

　　案例10　管理人员集体"讨伐"绩效考核 // 049

　　案例11　到底是谁动了赵经理的"奶酪" // 053

三、企业如何建立自己的降本增效管理体系？// 059

　　案例12　是否形成降本增效体系　影响企业长期经营业绩 // 060

四、企业降本增效需要哪个部门推动？// 063

　　案例13　总经理室主导降本增效　部门执行降本增效方案 // 065

　　案例14　财务部主导降本增效　各部门联动提交方案 // 067

五、规范的企业降本增效效果不佳的原因是什么？// 069

　　案例15　"外行"帮助内行突破行业纪录 // 072

　　案例16　激励，产生意想不到的收益 // 075

第三章　降本增效常用方法

一、承包是降本增效的"灵丹妙药"吗？// 081

　　案例17　企业实际控制力不足　车间承包未到时机 // 082

案例18　车间管理缺主导　承包顺畅成本降 // 083

　　案例19　车间承包一片大好　企业矛盾冲突缩小 // 085

二、成本倒推的降本模式需要什么条件？ // 088

三、同样的攻关降本法为什么实际操作的效果不同？ // 091

　　案例20　不尊重专业和规律，攻关失败 // 093

　　案例21　品质改善陷入僵局　阶段提升破局解疑 // 094

四、技术力量薄弱缺少数据怎么办？ // 097

　　案例22　降本增效从完善BOM入手 // 099

五、遭遇竞争对手，如何降本增效？ // 102

　　案例23　小企业的发明专利独占市场 // 104

　　案例24　主动排查资源　建立竞争壁垒 // 104

　　案例25　游击式迂回占领新领域 // 107

第四章　不同类型企业的降本增效方法

一、配件型（流程型）企业降本增效关注的重点有哪些？ // 111

　　案例26　彻底修复模具　提升效率效益 // 114

　　案例27　两家企业综合费用不同，月人均产值相差3倍多 // 117

二、装配型（离散型）企业降本增效关注的重点有哪些？ // 121

　　案例28　打造装配样板线　破除日产能"魔咒" // 125

三、快速成长型企业如何实现降本增效？// 129

　　案例29　提升品质高管无动于衷　动员会总经理现场落泪 // 132

四、混合型产品企业物料成本如何核算到位？// 136

　　案例30　盘点细分工序损耗　评比奖励成本降低 // 138

五、数据化程度低的传统企业，如何降本增效？// 141

　　案例31　关键数据难建立　有了数据陷僵局 // 144

第五章　不同部门如何进行降本增效

一、财务部门如何在降本增效活动中发挥作用？// 151

二、生产部门如何找到降本增效思路？// 155

三、PMC部如何通过部门运作实现降本增效？// 159

四、工艺部门该如何实现降本增效？// 163

　　案例32　忽视工艺严谨性　丢失国外大订单 // 165

　　案例33　工艺变更粗放　车间多次返工 // 167

五、采购部门如何促进企业降本增效？// 169

　　案例34　调整采购战略　企业扭亏为盈 // 171

　　案例35　物料准交率连续3个月达100%的做法 // 174

六、综合办公室从哪些方面实现降本增效？// 179

　　案例36　从综合办降本增效50多万元中看差距 // 182

第六章 不同岗位降本增效策略

一、老板只重视销售不重视成本，怎么办？// 187

　　案例37　企业营收规模降低　抓成本利润反增加 // 189

二、经验型的生产副总该怎样推动降本增效？// 191

　　案例38　企业经营脱困境　生产副总立大功 // 192

三、成本会计如何控制低值易耗品？// 199

四、如何处理食堂的降本增效？// 202

　　案例39　三家企业探索食堂问题　多次调整半市场化解决难题 // 204

附录　基于内在驱动的大承包制 // 208

第一章

降本增效的难点和关键点

一、企业亏损的主要原因有哪些？

本节降本增效切入点

- 企业亏损有两大类问题：一类是解决起来复杂的显性问题；一类是不复杂的隐性问题。
- 外部大环境变动撕毁微薄利润，造成企业亏损，企业需分别在开源和节流上痛下功夫并彻底执行，扭转不利局面。
- 企业管理粗放、浪费严重、人浮于事，通过成本对标、组织调整、流程再造、精细化管理等，减少浪费，控制成本，各种"看得见"的成本和"看不上"的成本都要关注。
- 企业领导层决策不当造成的经营性亏损，应再做论证，要么想尽一切办法扭转亏损，要么承认决策不当快速止损。
- 报价缺乏设计，随波逐流造成亏损，应快速调整报价，对报价工作进行规范管理，从经营上设计报价，避免亏损产生。
- 账面"假"亏损实际不一定亏损，关键在于企业所有者、经营者如何看待这个数据。
- 物料成本和各种费用虚增造成亏损，应建立精细化控制流程，堵住降本增效中的漏洞。
- 企业经营亏损的本质是企业在控制和创新上出现了问题。

提问：朋友的企业在经营中出现亏损，可是始终找不到主要问题，他很着急，管理人员只解决了一些看得到的表面问题，结果收效甚微。制造型企业亏损的主要原因有哪些？有什么比较好的对策扭亏为盈？

答：经营中的企业出现亏损，通常表明企业在经营管理上存在重大问题，"大厦不会在一天建成，也不会在一夜之间崩塌。"亏损只是将这些问题集中凸显出来，让经营者更加警惕和清醒。

企业亏损有两大类问题：一类是显性问题，容易识别，难度在于问题看起来司空见惯，缺乏深入、系统、闭环分析，导致行动不准确、不彻底、不持久，解决起来反而复杂；另一类是隐性问题，不容易识别但解决起来不复杂，难度在于如何正确分析、挖掘、认知到亏损的真正原因。

企业亏损主要有以下六种原因，相关对策需根据实际状况制定。

原因一：外部大环境变动撕毁微薄利润，造成企业亏损。这种企业问题不断，多个重大问题如交付、品质、成本等一直未得到彻底解决；外部大环境剧变致使企业间竞争白热化，造成订单减少、订单价格降低，引起内部问题总爆发，打破了企业的表面繁荣，加上企业所处的行业利润率低，导致企业亏损。

案例1

多年的经营呈现表面繁荣　危机来临亏损不断

A企业是一家创立于20世纪70年代的加工汽车零部件企业，员工数量常年保持在1200人以上，拥有一定数量的客户，在硬件方面优于同行，有一定管理基础。

2008年金融危机来临时，A企业出现了首次亏损，董事会在七个月内相继更换了主持企业日常经营管理的副董事长、总经理，但企业仍亏损不止。在自救效果不明显的情况下，2009年5月，笔者受邀带队主导A企业的经营变革，经过为期一个月的实地调研，发现了导致企业亏损的多个问题。

企业主要为客户代加工汽车零部件，没有自己的产品和品牌（零部件也可以有品牌），也没有市场定价权；企业组织臃肿，架构重叠，部门职能不明确，岗位职责不清晰；缺乏产品深加工能力，部件占比不足3%，整体利润较低；产品成本结构化分析缺少；零部件交付能力差，按客户初始交货期统计，订单准时交货率仅为29.54%，存在未按时交货造成客户停线被扣款的现象；客户未认可的模具数量超过100套，涉及模具金额大于3000万元；由于模具未认可造成客户订单丢失或减少，业务部预计每年损失超过9000万元；品质问题频发，客户书面投诉每月超过70次，存在因零部件品质问题被客户索赔的现象；管理内耗严重，部门间、岗位间推诿扯皮不断；人工成本整体居高不下，生产车间却常常无人开机。

在找到亏损的症结、取得企业方信任、得到充分授权后，项目组开始了大刀阔斧的变革。主要思路和步骤有：以企业盈亏平衡点为导向，开源节流实现收支平衡；调整组织架构，成立研发中心，缩减、合并部门四个；压缩整体管理层级，由5层调整为3层管理；压缩公司编制，取消、合并10%以上的重叠岗位；未被认可模具限期分析原因，明确每一套模具的修模方案、完成时间、责任人，完成后根据结

> 果给予奖罚；财务部主导核算主要产品的成本数据，对比报价与实际之间的差异，交总经理指定责任部门改善；组织公司骨干力量分组、分产品改善订单准时交货率；组织公司骨干力量改善产品品质，降低客诉，实现零索赔。
>
> 在经历六个月的变革后，企业达到了盈亏平衡。经过持续深化变革，九个月后，企业彻底实现了盈利，超过了以前的利润水平。

这类企业一般利润率较低，对经营管理水平要求高，从财务层面看，销售额不断降低，但各种固定成本、固定费用没有降低，导致企业达不到盈亏平衡点。出现亏损时的对策可以参考A企业扭亏为盈的措施，在开源和节流上分别痛下功夫，彻底执行，扭转不利局面。

原因二：企业管理粗放、浪费严重、人浮于事。这类企业的大部分管理人员都能看到问题点，但要么习以为常，要么个人力量有限解决起来无济于事，最后陷入做事随意、不较真、你好我好大家好的"良好"氛围。

在企业规模较小时，老板凭借一己之力能够关注各种浪费，控制好各种成本。当企业规模壮大后，老板需要处理的事务繁多、个人精力有限，无暇顾及各种成本细节，偶尔发现成本问题、浪费现象，会对管理人员提出改善要求。刚开始管理人员重视老板发现的问题，但由于缺少持续检查环节，一段时间后这些问题不了了之。浪费现象、成本问题不断增加、不断累积，最终造成亏损。

管理粗放浪费严重　问题累积造成亏损

B企业是由两家小企业合并成立的新公司,成立前后企业老板均为同一人。该企业年销售额超过1亿元,有员工200多人。

在企业合并前,两家企业由老板夫妇分别管理,交期、品质等问题都管理得当,对于成本问题、浪费现象也有所行动,企业在让客户满意的同时,拥有不错的收益。

在企业合并后,原来只靠领导"人盯人"的人治模式逐渐失效,企业大部分人员忙于赶交货,品质问题增多,浪费现象严重,成本细节关注不够。因企业原材料多为大宗现金类交易物料,财务费用率高于同行业水平,财务报表显示,近三年企业经营在微利和亏损之间徘徊,上一年度整体亏损。

调研发现:企业原材料采购价格高于同行水平;同一辅料及机器配件采购单价不一,原材料和辅料请购随意且经常紧急请购;成本标准数据不准确,失去了成本标准的作用;部分原材料未严格检验,客户投诉的品质问题未深入分析形成对策;仓库账物卡准确率不足50%,呆滞料堆积超过1年未处理;喷漆车间地面结了一层厚厚的油漆,无处落脚;可再利用的原材料尾料、未彻底用完的辅料(如用了半桶就丢弃的油漆)、旧工具、旧机器零配件在生产厂区随处可见。

企业财务总监坦言,每年丢在地面的各种物料、物品价值不少于200万元,看着心疼。他多次向生产车间强调,车间管理人员每次都

> 以赶货为由置之不理。一边是采购付款紧张,一边是现场浪费严重;一边抱怨福利待遇,一边不去节约成本。

这家企业的浪费现象与精益生产里的七大浪费一致,即制造过多过早的浪费、库存过多的浪费、产品质量不良及修理的浪费、等待的浪费、加工的浪费、搬运的浪费、运作的浪费。

这家企业以成本闭环控制模型为指导,通过推动行业细项成本对标、行业费用对标、组织架构调整、管理流程再造、各成本项目攻关、费用项目控制等方式,严格分步推行降本活动。前期主要解决请购管理(规范、数量、日期)、采购管理(规范、价格、交期)、物料使用(收料、领发料、退补料、报废)等物料类管理问题,控制物料和辅料的浪费;后期除优化前期运作形成习惯外,主要解决交付和品质问题。通过六个月的调整,浪费现象得到控制,企业获取了应有的利润。

上述两种亏损的原因综合来说属于显性状态,是看得见的成本,还有一部分如辅料管理、低值易耗品管理等,虽然是很多人看不上的成本,但能够帮助企业人员形成良好的节约意识和节约习惯,同样值得注意。下面讲述的是隐性状态的成本,是我们"看不见"的成本。

原因三:企业领导层决策不当造成的经营性亏损。决策成本是企业最大的成本,常常难以捉摸,与第二种亏损原因不同,决策难以标准化,都由领导层决定,能参与决策讨论、提供建议的人员不多,这三点决定了经营决策是一项有成本的高风险行为。

企业中由于决策不当造成的亏损时有发生,通常是投资行为引起的连锁反应,这种决策大到企业未来的战略方向,小到一套生产设备、一个机台。如某企业老板主营业务的现金流充裕，决定开始多元化经营，结果投入大量资金铩羽而归，且因抽调大量资金使主营业务产生亏损；再如某企业老板对另一家亏损企业的技术水平过于认可并决定并购，事后发现被并购的企业实际技术水平一般，反而拖累自己企业的正常经营造成整体亏损；再如某企业高层决定购买一套生产设备，但由于技术评估失误，造成生产效率低下，产品品质没有保证，企业又没有充裕资金购入新设备，从而失去市场机会和大额订单，造成经营亏损。这些亏损的解决方式较为复杂，一般来说，经过决策层再次论证，或者想尽一切办法坚持扭转已经形成的亏损局面，或者承认决策不当快速止损。

这些决策不当造成的亏损，需用盈利项目的利润填补才有可能继续下去，因此错误决策的代价高昂。

原因四：报价缺乏设计，随波逐流造成亏损。报价问题导致的亏损一般难以发现，因为参与报价的人较少，大部分报价人员对生产实际和细节了解不够，认为报价需要参考市场价格，报价太高无法接到订单，报价低一些更合理。

报价问题导致亏损的表现有：报价因素核算不齐全，除常规因素外，资金占用成本、存货成本、付款方式差异、税率对冲等考虑不周；实际用料规格与报价用料规格偏差；生产实际效率与报价效率偏差；生产实际良品率与报价生产良品率偏差；包装物料实际与报价偏差；多次委外加工的良品率及价格偏差；包装方式变更导致成本变化；原材料价格上涨未及时反映到销售价格上；客户降价后内部无降本对策，未形成有效对冲；报废品的残值计价等。这些问题点和偏差看似微小，但如果乘以数量，再加上日积月累，稍有不慎，一年左右的时间就会引起亏损。

除了上述注意事项外，还需对报价管理进行设计。假设成本价为P1，成交价为P2，它们之间存在三种关系。一是P1<P2或P1+利润=P2，这是企业正常情况下的状态；二是P1=P2，三是P1<P2，后两种都是异常状况，表明接到的订单没有利润或亏损，这一类报价属于策略性报价，需企业一把手把关。

原因五：账面亏损实际不一定亏损，这是一小部分由职业经理人出身的高管在核算业绩时遇到的难题，订单充足、效率达标、品质和成本各方面都控制得当，可是到了月底或年底，账面却是亏损。这是什么原因造成的呢？

有精通财务的高手表示，同样的财务数据，一个财务人员把报表计算成亏损，另一个财务人员可以把报表计算成盈利。笔者最初对此不太理解，后来通过一些财务报表，逐渐理解了这句话。以某企业为例，报价时为拿到客户订单，未将企业自有厂房、设备折旧、其他固定资产折旧纳入报价范围；待企业拿到订单生产交货后，虽然各项成本控制合理，但在核算财务报表时，纳入未计进报价的那部分项目（如自有厂房的租金、其他固定资产折旧摊分），最终得出企业经营亏损的结论。这是笔者在咨询中发现多家企业存在的疑惑，笔者进行了仔细分析和推敲。

某重资产企业财务报表显示亏损，财务人员认为是人工成本和产品报废率高造成的。笔者假设人工成本和产品报废率均为零，按财务方法计算，仍然亏损。物料成本和费用控制合理，产品合格且无人工成本，企业在亏损状态，这看起来很荒谬！

笔者也曾看到有大型企业购入大型设备，要求加速折旧，这是对高管经营能力的一种考验。在这种情况下，某大型企业总经理三个年度净利润率考核目标为–1%、0%、1%，这是非常合理的指标。其实，这种形态的亏损关键在于企业所有者、经营者如何看待这些数据。

原因六：物料成本和各种费用虚增造成亏损。这种亏损原因非常隐蔽，如果没有深入一线参与企业管理的经验，不太可能发现这些问题。

案例3

物料成本虚高　收货管控见效

某大型企业的分厂经营上出现亏损，主要原因是物料成本及物料损耗较高。在一次年终盘点时，企业发现原材料铜材的实物比账面少20多吨，再三确认仍如此，但反复查看所有监控没有发现偷盗现象。总部为此下达指令，同时撤换了分厂的总经理、资材部经理、综合部经理。

总部领导学习了"三方收货法"后，为分厂重新设计了收货流程。原有的收货流程是铜材到厂后，仓管员点完数直接放置车间指定区域，物料员开《领料单》将铜材全部领出。新的流程更改为铜材到厂后，仓管员通知财务人员（由财务经理轮流安排）和车间物料员共同收货，并在《收货单》上签字，其他不变。半年后，分厂物料成本明显降低，扭转了亏损局面。

案例3是典型的虚增了"看不见"的成本，收货行为中如果偶尔出现账面数量够、实物少的问题，这种不当行为日积月累，即使有专业审计人员，只从财务报表也很难发现物料成本的深层次问题。在一些以期货类材料为原材料的企业，如果遇到原材料市场价格暴跌，也会亏损，这种问题考验的是采购决策者的眼光。

还有就是采购成本的虚高。某企业生产电子产品，企业董事长偶然发现竞争对手的采购单价和市场价均为1元，而采购经理购买的IC（集成块）单价为8元，造成总成本偏高。如果这类高价采购的物料在产品中占有一定比例或遇到客户要求降价，企业就会亏损。试问，将生产中的七大浪费都消灭为零，企业就会盈利吗？虚增费用和虚增成本的原理基本一致，都是实际与账面有偏差造成虚增，只是表现形式不同。根据实际情况建立费用管控流程、堵住费用虚增的漏洞即可。

以上对企业亏损的主要原因及对策作了说明，不论外部原因还是内部原因，不论显性问题还是隐性问题，亏损的本质是企业在控制和创新上出现了问题。控制让企业成本在规定的合理范围内波动而不流失，创新是企业发展的原动力，让企业在危机来临时有对策。两者一张一弛，保证企业盈利。

二、企业降本增效管理的难点在哪里？

本节降本增效切入点

- "利润是孤岛，成本是海洋"，降本增效管理有一定难度，实际效果取决于各项降本增效措施产生的综合效应。
- 降本增效管理的难点之一是关注成本的人太少，需推动降本增效关注人员的"平民化"。
- 如果一件事拥护的人占多数，通常容易达成，反之不容易达成。
- 降本增效管理的难点之二是降本增效管控缺乏持续性，需推动降本增效管理日常化、持续性。

- 降本增效管理的难点之三是后端财务数据和前端管理活动难以找到有效结合点，进而形成降本增效措施，需将成本和费用数据转变为可落地的有效管理活动。
- 降本增效本质是降本增效意识、观念的改变，也就是人的改变。

提问：降本增效是企业生存发展的法则，许多管理人员围绕降本增效采取了诸多措施，但经常事倍功半，甚至无济于事。作为降本增效领域专业的咨询老师，您认为制造业降本增效的难点在哪里？如何突破这些难点？

答："利润是孤岛，成本是海洋"，降本增效的实际效果取决于各项降本增效措施产生的综合效应，由于降本增效管理系统性强，难度也大。笔者深入研究企业降本增效问题多年，总结了实践中普遍存在的极具代表性的三大难点问题。

一是关注成本的人太少。企业经营管理关注的核心是交期（它是效率的一种表现形式）、品质、士气、成本。**在交期上**，客户采购方、公司业务部门都会紧密跟进交期，有的企业还设立了专门的PMC部或计划部督促交期，交期严重滞后相关责任人得接受上级部门批评与考核。"为了交货不惜一切代价"，这是企业普遍奉行的准则，如果交期达不成，许多人会高度关注并专门处理解决直至交期好转，因此，关注交期的人特别多。**在品质上**，品质部门、业务部门、决策层、客户都非常关注。如果企业出现质量事故、重大客诉、批量退货等问题，品质部门会主导解决，如果品质部门自身有责任也得接受上级部门批评与考核，业务部门会同步提出品质问题对客户的负面影响，相关责任人可能会被追责。针对客户投诉，企业一般须分析原因、给出对策，至少形成一份8D报告，有些客户甚至会坚持到企业实地检查客诉对策的执行情况，直到问题解决。**在士气上**，员工流失率是企业观测士气的晴雨表。如果员工流失率高，表明士气低，会严重影响企业效率和产品品质的稳定性，也反映企业的薪酬福利、工作环境、管理方式、企业文化等存在一定问题，人力资源部、生产部、品管部均会关注并作出改善；如果员工流失严重影响到企业日常工作，决策层必然会出台政策或投入资源予以解决。

注意力在哪里，成果就在哪里。如果一件事拥护的人占多数，通常容易达成，反之就不容易达成。

二是降本增效管控缺乏持续性。 通常，企业在参加投标或是给大客户、大订单报价时，如果发现报价远高于行业竞争对手，难以在价格层面形成优势，进而推论公司成本偏高，那么老板或高管会要求降成本，财务部对某个或某部分产品核算后，管理人员会列出改善方案。但经常是将产品的成本和相关费用像"一阵风"一样抓上一阵子，过段时间就置之不理了。或今年大环境不好，企业实现经营业绩有难度，便重点抓降本增效；明年大环境变好，有了新的重点工作，降本增效工作就放下了。因此，企业管理中降本增效管控易缺乏持续性。而在品质管理中，产品在首件制作并确认合格后才能批量生产，零部件每道工序在检验合格后才能进入下一道工序，这是企业必须遵守的规则，也是企业的日常工作。降本增效管理却不同，经常是不得已而为之或是时有时无、一阵松一阵紧，无法自然地普及为企业的日常行为。

三是后端财务数据和前端管理活动难以找到有效结合点，进而形成降本增效措施。 表现之一是财务人员有财务知识却缺少系统性的落地方法。一位知名会计师曾告诉笔者，仅有财务知识只能在成本产生后作事后呈现，无法降低成本，他可以将企业的财务报表核算得非常清楚明白，但对成本高企问题无能为力。表现之二是懂前端管理活动的人员如供应链管理人员、生产管理人员等通常不懂财务报表，经常对财务报表的定义、算法、结果提出质疑，面对大量的财务和成本数据无从下手，甚至怀疑这些数据的真实性。由于普遍缺乏对财务数据、成本数据的"解码"能力，不能将财务数据、成本数据"翻译"成前端的日常活动和控制对象，难以实现前端与后端的良性结合与互动。

由此可见，高水平的企业管理是突破降本增效三大难点的必然要求，降本增效管理通常也是企业的一把手工程。笔者和一些资深咨询师在降本增效项目复盘时，不约而同得出了一个结论：企业一把手降本增效的决心有多大，降本增效的效果就有多大！降本增效远比提高交期、提升品质复杂得多，它不单是一些表单数据、流程制度、降本增效方案的组合，更是各种实实在在的经济利益、权力、人性的博弈。如果企业一把手的决心和魄力不够，降本增效推行起来会困难重重，即使有些数据暂时变好了，也只是一时的效果。基于上述原因和判断，笔者曾婉拒了一些有意向合作但一把手决心不够的企业咨询。

降本增效既是经营也是管理，以董事长的角色要求经营，以总经理的角色要求管理，有助于实现降本增效。突破降本增效的三大难点，需开创三种新局面。

一是降本增效关注的"平民化"。打破成本问题"高高在上"的旧局面，让企业的普通员工、普通的班组长、普通管理人员，人人时时、处处注意降本增效，实现降本增效关注的"平民化"。这可以通过合理化建议推动，也可以通过流程规范，还可以通过评比、激励、考核等方式促进基层人员关注。以一家实现了降本增效关注"平民化"的企业为例，运输队的司机要求生产车间当天多产出1.5吨成品，并且愿意加班等待产品装车，从而降低整体运输成本（运输总费用是对销售人员和运输队长的考核内容之一）。该司机以前无论产品是否装满，到时间就开走运输车辆，并不愿加班等待产品装车，经过成本评比考核后，他表示：运输费用要力求节约，如果当天不多运走1.5吨成品，就会导致第2天增加一车的运输量，相应多产生2000元的运费。这一观念已在企业普及并转化成了员工的自觉行动，这就是降本增效关注的"平民化"。

二是打破降本增效管控"一阵风"的局面，开创日常化、持续性降本增效的新局面。 通过目标、流程、表单、数据等，将降本增效管理加入从销售线索到售后服务所有日常管理活动中去。以某贸易型企业为例，营销方面会关注：每天产生了多少条销售线索？每位业务人员每天接触了多少客户？每个接触点上的反馈如何？业务部每天有多少次报价？每天的报价转化率是多少？每天接到的订单金额有多少？每天出货金额有多少？接单金额、发货金额分别完成当月指标、当年指标的多少？企业会根据产生的数据和反馈作出快速调整。

再以某生产型企业为例，生产车间的车间主任、组长每天会查看每班用的原材料和辅料是否超支，每个班组是节约还是浪费，原材料和辅料节约或浪费的数量、金额分别是多少。如果成本数据显示浪费，车间主任或组长会及时去现场，当场要求一线员工进行调整与管控，而不是等到下个月在财务报表上事后检视。生产经理会在每天召开的生产协调会上，将当天的成本数据列为一项正式议程进行通报和检视。将成本数据同生产数据、品质数据一起展示出来并及时加以管控，是实现降本增效管控日常化的内容之一。

有些专业水平高的财务人员可以核算到企业每小时甚至每分钟的利润，这些都建立在降本增效管控日常化的基础上。没有基础的管理数据、没有前端日常管理数据的支持，后端的财务数据便无法正确展示动态数据，而只能是推算出的静态数据。

三是将后端成本数据和费用数据，转变为前端可落地的有效管理活动。这要求企业有详细的财务、成本数据，有懂前端、后端数据的"翻译"人才，找到降本增效方法和措施，还需要有强大的执行力保证降本动作落地。总体而言，企业需要一整套系统化的落地方法，具体思路和操作可以参考笔者的第一本书《制造业成本倍减42法》，结合实际使用即可。

如果企业自身管理水平良好，可以组织月度降本增效分析会议，对有问题的成本、费用数据，用责任部门提出改善对策的方式降本增效，会议的关键点有：财务数据的准确性、降本增效改善对策的系统性和有效性及执行力、降本增效资源的合理调配。

总之，降本增效的难点在于全员持续改善，本质是降本增效意识、观念的改变，也就是人的改变。本节总结的降本增效难点、解决思路、解决方法，都是通过事的改变去改变人。首先改变人员的工作行为，使之符合降本增效逻辑，并促使该行为频繁发生，进而产生降本增效成果，再反作用于人员的观念和意识，持续不断地形成正确的降本增效观念，推动降本增效难点的解决，最终实现企业根本性的降本增效。

三、领导层在降本增效中常见的错误观念是什么？

本节降本增效切入点

- 降本增效的前提是保证质量，并且降本增效反而更强调质量，质量是降本增效的底线。

- 降本增效不仅关注与经济直接相关的事务，还要考虑抓大块成本。
- 降本增效不仅关注看得见的生产成本，还要关注周边间接成本。
- 降本增效不仅关注小处的节约和浪费，还要关注大块决策成本。
- 企业与供应商之间是互惠互利关系，即使要求供应商降价，也应维护供应商必要、合理的利润，避免形成劣质供应链。
- 降本增效不能盲目降低利益相关者的收益，因为可能会失去群众支持基础，尤其是人心。
- 错误的降本增效观念，会导致降本但不增效的现象。

提问：由于外部大环境不好，公司开展过几轮降本增效，在降本上领导层有一些看法和分歧，目前也在探讨和反思，根本原因是观念上存在冲突之处。一家企业常见的错误降本观念有哪些呢？

答：不同人员对降本增效有不同的看法是正常现象，但也存在一些常见的错误观念，可能会导致降本不增效，或成本不降反增。

第一种错误观念是实施降本增效会降低质量。 有一部分人"坚定"地认为，降低成本，质量肯定会同步下降，他们甚至视降本为"偷工减料"的表现，这是最常见的降本增效观念争议。

首先，降本增效中，降本指降低总成本，而不单是降低物料成本或质量成本。 比如企业通过降本举措降低了产品报废率，提高了合格率。再如企业通过调整生产线布局或改进工艺，减少了生产人力，降低了人工成本，使总成本降低，这种降本方式也没有降低质量。

其次，降本增效的前提是保证质量。 众所周知，质量是企业的生命，笔者分享过大量品质降本增效的方法与案例，用于减少不良产品、产品返工、产品报废、客户退货和客户投诉，主要目的是帮助企业提高质量，这是大前提，没有质量前提谈降本增效毫无意义。试想，一家企业生产手机，降本后手机信号差，无法发信息和打电话，待机时间只有两小时，即使售价从原来的2000元降低到1000元，会有顾客购买这样的手机吗？

再次，降本增效反而更强调质量。如果企业质量不达标，因为价格水平低接到更多订单，产品交货越多产生的问题就越多，给企业带来的负面影响也就越大。日积月累，企业的口碑变差，客户和订单会大量流失，给企业带来严重的生存危机。所以，降本增效不能降质量，应始终坚持以客户为中心，围绕为客户创造价值而努力。案例4充分反映了忽视质量使企业增加费用。

案例4

小配件降价忽视质量　售后总费用成倍增长

C企业是一家生产机械设备的公司，采购经理在2006年的一次降价采购活动中，发现一款知名品牌进口的小型标准配件的国内替代品，价格是原配件的1/5。于是，采购经理向研发部提出了该配件的替代申请。由于配件体积较小，看起来很简单，研发经理、总工程师在测试完一台机器没有异常的情况下，只是将配件看了看便签署了同意替代的意见。

由于标准配件存货较少，在替代品变更文件到达车间后，替代配件被大量安装在机器上。一个月后，这批安装替代配件的机器陆续出货，发往全国各地用于生产。最先出现异常反馈的是来自华北某大客户的投诉：机器安装调试正常，正式生产两小时后就无法正常运转，

> 要求售后立即赶到现场解决。售后经理安排售后工程师立即赶赴客户现场，排查后发现问题在于替代配件断裂导致信号中断，致使机器无法正常运转。于是，采购部紧急采购原品牌配件快递到客户处，由售后人员重新安装，才使机器运作正常。机器在正常生产两个班次后，没有出现其他异常现象。
>
> 接下来一段时间，同样的投诉频繁出现，售后全体人员加班加点，全国各地频繁出差为客户处理问题，并且不得不以每次花费数千元售后费用的代价，去更换一个价格10元左右的小配件。
>
> 这一问题大范围出现后，研发部重新将替代品变更为原品牌产品。经统计，此次事故售后服务总费用连续3个月比之前增加了3倍以上。

案例4充分说明了忽视质量盲目降成本的危害和代价。

最后，符合质量要求是降本增效的底线。根据ISO9000标准定义，质量指"客体的一组固有特性满足要求的程度"。质量过高是一种浪费，不可取；质量过低满足不了要求，更不可取。因此，符合"固有特性满足要求"是最低标准，也是降本的底线。

第二种错误观念是只关注与经济直接相关的降本增效事务，抓小放大。有些决策者只关注了直接产生成本和费用的事务，对间接成本视而不见。如某企业只关注采购时物料的低价格，选择了不合适的供应商，物料经常出现不良、交货不准时等现象，由此带来生产效率降低、不良产品增多、生产进度延迟等诸多问题。看似降低了局部物料采购成本，实际增加了整体的生产成本、品质成本等。又如，某企业购买了价格有优势但性能一般的机器设备,在与同行竞争时,经常因机器设备的生产效率、产品精度、良品率等"先天"问题无法胜出,导致订单数量下滑,最终丢失市场。

除了与经济直接相关的成本外,特别需要提出的是:每天的生产计划几乎调动了公司所有的人、机、料、法、环境资源,是企业日常运营中最大的成本。准时交货能够降低成本,产品生产周期缩短也能够降低成本,即使企业达到最低的成本,产品也需符合客户要求的质量和交货速度。

第三种错误观念是只关注"看得见"的生产成本。笔者观察发现,生产部是个"奇怪"的部门,有时订单即使很少也难以交付,有时订单很多也能交付。因为生产部各车间的每一道工序都是"大战场",无论是前端未彻底解决的设计、工艺、原材料等问题,还是偶发问题、漏失问题等,包括生产部自身的管理问题、生产过程中产生的异常问题等,都会在"战场"上出现,所以生产部看似到处都有问题,即使更换管理人员作用也有限。这使得大部分管理人员到车间都可以"评头论足""指手画脚",加上生产成本的确是总成本中相对较大的部分,因此导致一些决策者只关注"看得见"的生产成本,忽视了诸如设计成本、工艺成本、工艺改进、采购成本等未直接出现的成本问题。

第四种错误观念是降低成本意味着拼命节约、消除浪费。有人说,我们拼命节约每一分钱,将每一种浪费都控制住,就能实现降本增效目标,提升盈利水平。这种说法有一定道理,但在少数企业里有一个典型的现象:企业的每一分钱都需要老板亲自签字批准后才能支出,每天办公室有一堆人或者一堆文件排队等待老板签字批准。可能是老板不太相信别人,认为自己才是企业里最会节约的人,认为这种做法绝对能够减少浪费,但是这类企业的利润状况一般不是特别好。

有人认为，将企业所有的浪费都消除了就能大幅度盈利，实际上这种说法同样有问题，笔者在咨询中就发现不少企业并不如此。以笔者做过咨询的企业为例，甲乙两家企业是规模相当的竞争对手，企业的主要成本基本相同，甲企业的某种原材料加工费用为5000元/吨，产品报废率为4%；乙企业使用同样原材料加工费用为4000元/吨，产品报废率为5%。请问：甲企业通过各种方法把报废率降低为零，乙企业报废率保持不变，就能超过乙企业的盈利水平吗？答案是不能！即使甲企业消除了浪费，这项成本仍然高于乙企业800元/吨。

这种现象也出现在一些规模较小的企业里，如化工行业的小企业，由于规模小，原材料购入价格水平高于大型企业，即使没有浪费也会在材料成本对比中处于劣势。另外还有如决策成本这类无形成本，不是一下子就能看得见，甚至在数据或财务报表里都看不见，同样处于浪费之外。

第五种错误观念是降本增效一定要降低对利益相关者的支出，也就是决策者借降本增效之名频繁要求供应商降价、降低员工合理收入、减少员工合理福利支出等。

要求供应商降价是实现降本增效的重要途径之一，尽管供应商可能会接受个别次数的降价，但不断要求供应商降价，优质的供应商一般最后只能选择停止合作。如果将供应商降价作为企业盈利的主要手段，而不改进经营管理方式，企业的口碑也会受到不良影响。

供应商和企业是互惠互利的关系，即使供应商勉强降价了，企业也应对供应商的降价支撑点、降价途径、降价方式有所了解，并提供一些必要的辅导和支持。企业经营者应该主动为供应商考虑，维护供应商必要的、合理的利润，这是双方合作的前提。如果供应商无利可图，要么供应商停止接受订单，要么企业经过市场洗礼形成大量劣质的供应链而不自知。

　　降低物料成本的途径除了采购降价，还有精细化的物料管理、颠覆性的创新设计。以汽车行业为例，当其他汽车厂在考虑后底板总成系统的零件降价几个点时，特斯拉汽车公司已经研发出了后底板总成系统一体化压铸技术，减少了大量零部件，减轻了整车重量，使后底板总成系统制造成本降低40%以上。不同于竞争对手聚焦于零件降价的合理区间，创新者聚焦的是如何让零件最大化减少甚至没有。

　　借降本增效之名降低员工的合理收入和企业中员工合理福利支出的观念不可取，"得人心者得天下，失人心者失天下"，如果企业没有向心力、凝聚力，谁来执行降本增效呢？企业需广泛发动员工，更需善用员工的力量实行降本增效。因此，即使降低员工的合理收入和企业中员工合理福利支出这些"饮鸩止渴"的做法赢得了短期利益，长期而言对企业不利。降本增效不能以牺牲员工的合理收入为代价，也不能以牺牲员工的合理福利支出为代价，这两个关注点和产品质量一样，是企业经营管理的基本面。

　　不同的降本增效观念可以产生四种不同的效果组合，第一种是既降本又增效，表现是企业整体有所改变，产品质量提升、交货准时、产品周期缩短，员工收入和福利增加，各种成本下降、浪费减少，并且形成了综合效应——利润增加。第二种是既没有降本也没有增效，代表企业改变的力度和速度都不够。第三种是降本但未增效，这通常是降本增效的观念出现了问题。第四种是没有降本但产生了增效，这表明企业营运效率、营收、人效等方面有提升，增效的力量、速度、成果远大于降本，因此降本需跟上增效的步伐。

四、制造型企业持续降本增效的关键因素有哪些？

本节降本增效切入点

- 降本增效活动能够持续进行，第一个关键要素是正确的降本增效观念和方法，在实施之初产生了良好效果，得到企业老板的高度认同。
- 降本增效活动能够持续进行，第二个关键要素是降本增效活动是否制度化、政策化。
- 降本增效活动能够持续进行，第三个关键要素是保证降本增效活动定期不间断执行。
- 降本增效活动能够持续进行，第四个关键要素是降本增效活动遇到质疑时能正确处理。
- 降本增效活动能够持续进行，第五个关键要素是降本增效活动与激励形成良性循环，逐步形成企业文化。
- 降本增效活动持续的关键因素是企业对降本增效活动的法治过程。
- "猴子掰玉米"式的做法，是不少企业始终无法建立属于自己的管理模式的主要原因。

提问：制造型企业降本增效活动和其他管理活动一样，易流于形式，像一阵风刮过后再无声音，降本增效活动怎样才能长期进行下去，企业持续降本增效的关键因素有哪些？

答：在回答这个问题之前，先看一家企业推行合理化建议活动长达十年以上的案例，希望可以从中得到一些启发。

案例5

企业推行合理化建议活动超十年的秘诀

C企业是笔者2008年辅导的一家年产值约3000万元的机械厂，企业在由作坊式向规范化发展的过程中，选择了借助外力推动变革、提升管理，老板和股东全程参与。

在推行合理化建议这项工作时，考虑到企业的实际现状，笔者一开始并没有立即推出《合理化建议管理制度》，而是从培训开始，帮助企业认识合理化建议的观念和收益，其间也讲述了一些名企的具体做法。在培训后，企业正式推出了《合理化建议管理制度》，并要求组长级以上管理人员每人提交3份合理化建议，之后在管理人员和一线员工中全面展开。其中，一些售后服务人员和业务员提出的部分合理化建议被广泛应用在新产品上，帮助新产品获得了客户的大量好评。

按照该公司的《合理化建议管理制度》规定，每月评选的优秀员工必须提供两条以上合理化建议，年度优秀员工必须提供五条以上经评审通过的合理化建议；在年度总结与表彰大会上，对年度提供合理化建议条数最多的前三名员工进行表彰和奖励。同时，全体员工的升迁、加薪对合理化建议均有一定的数量和质量要求。

在管理提升开始的前3个月，企业管理人员对合理化建议有一定的新鲜感，参与度较高，后来认为没有太多内容可以提供。于是，由人力资源部向企业老板提出修改制度的建议，如优秀员工、年度优秀员工的入围条件不与合理化建议条数相关联等。这些建议被企业老板直接否决，老板要求对这项制度进行重新学习、重新考试，再次领会

> 合理化建议制度的精神。
>
> 　　在企业后来多年的发展中，不断有职业经理人、培训公司、咨询公司进入，提出这项制度的修改、"优化"意见，企业老板都回复一句话："你先了解清楚，按制度做到了再说，在没做到之前不能修改"。
>
> 　　2019年，笔者回访了这家年产值已有2亿多元的企业，了解到这项合理化建议制度没有发生政策性的改变，但对企业的创新、成本、竞争、企业文化等作出了一定的贡献。

　　事实上，这家企业除了合理化建议外，每天的班前会、每周的部门例会、每月的员工大会和员工评比、稽核运作、PMC运作等在管理提升之初建立的一些制度及管理模式，都没有发生根本性的变化，大部分形成了企业文化，并随着企业规模的增大进行了局部调整。

　　反观少部分企业，聘请咨询公司辅导，咨询项目一旦结束，不少新建立的管理模式、方式、方法被迅速"抛之脑后"。一段时间后，这些新事物要么被完全取消，要么被改得"面目全非"。例如，有的企业在咨询项目刚结束，就取消了员工大会、合理化建议等制度。

　　结合上述案例及企业辅导经历，笔者对企业降本增效活动能够持续进行的关键要素归纳如下：

　　第一个关键要素是正确的降本增效观念和方法，在实施之初产生了良好效果，得到企业老板的高度认同。 类似案例5中C企业的情况在中小企业变革过程中比比皆是。企业组织架构调整、用人制度、奖励制度等大的方面，以及首件检验、生产协调会、PMC运作、备料制等小的方面，看似是企业正常应做的改变，但在刚开始实施时，有些企业老板并不完全认同，只是碍于当时的情境并没有提出太多异议。如果企业作出改变后，在开始实施阶段取得了良好效果，可能会继续存在一段时间。如果运行一段时间后效果不佳，可能会被改变或取消。关键在于企业老板对这些事物的认知和感受，如果内心并不认同，这些事物在未来的某一天仍然会发生方向性的改变。

曾有企业员工和笔者交流，询问为什么总是强调一些重要事情须得到企业老板的认同，借用他们的权威和力量；而企业高管、资深管理咨询师们则对此观点深表赞同，这也从侧面反映出不同的人群对管理问题的认知深度、高度、经历不同。

第二个关键要素是降本增效活动是否制度化、政策化。如案例5中的合理化建议，它不仅是企业的一项降本增效活动，更是一开始就做到了制度化，并且在制度设计上与员工评比、升迁、加薪直接相关，与每月、每年的奖励活动直接相关，在形成制度后逐步成为企业的长期政策，不轻易改变。

第三个关键要素是保证降本增效活动的定期不间断执行。让做出改变后的管理活动定期执行，是保证管理活动持续进行下去的必要手段。在C企业里，如果只有《合理化建议管理制度》，而没有每天、每周、每月、每年的执行，《合理化建议管理制度》也只能成为有名无实的文本。只有定期不断地执行降本活动，才能使它们固化下来。

第四个关键要素是降本增效活动遇到质疑时能正确处理。在C企业里，不断有人质疑合理化建议与员工评比、升迁、加薪挂钩的合理性，试图从道理上说服企业老板和核心团队作出改变。这个质疑的节点是企业最容易被改变的关键时刻，能不能守得住这个"阵地"，决定了降本增效活动是否能继续进行下去，这也是不少企业始终不能建立属于自己的企业管理模式的主要原因。

人们通常对于新事物充满了好奇和新鲜感，但在学会之后可能会置之不理，接着学习下一个新事物，循环往复。这种类似"猴子掰玉米"的做法在企业里极为常见，一边不停地寻找新的解决方法，一边迅速丢弃旧的解决方法，总认为还有更好的。这种思维让不少企业尝到了"苦头"，案例6反映了企业高管在企业十多年发展中遇到的"困惑"。

案例6

企业高管在企业十多年发展中遇到的"困惑"

"我们企业一开始准备通过自己学习改变困境，后来发现这个思路不行，于是决定借助外力引入精细化管理模式，但在项目准备实施时却放弃了。接着开始参与各种外部培训，期望培训后有所改变，但发现培训效果有限。接着引入行政管理模式，但行政管理只能在局部起作用。之后便引入阿米巴经营模式，核算各种成本，试图推动企业人员改变。在努力无果后，只留下了部分绩效考核内容。在看到绩效考核也不能改变企业时，企业又推出合伙人模式。由于责权利核算不清，合伙人模式沦为存款发利息的"表面文章"。

"经过多年折腾，企业规模没有增大反而缩小。以各车间为例，生产的欠料问题、模具问题、机器问题层出不穷，至今没有一套科学、规范的处理方式，全按管理者和领导个人意愿处理，唯一留存下来的计件工资方案执行也不够彻底。而同一工业园区同期引入精细化管理的企业却不断进步，前几年已经上市，进入了更高阶的发展阶段。"

一些企业在经营上走过不少弯路，如某企业在组织变革中迅速成长，老板看到了变革的效益，在前几次的变革中也都有所收益，于是加快了企业整体变革的步伐。由于没有完全考虑到企业实际，过于乐观地预估了未来收益和风险，变革步伐过快导致企业整体倒退。又如，某企业通过规范管理使企业规模有了提升，为了进一步提升生产管理水平，在人员初步有所改变、之前变革动作尚未固化的情况下，全面引入精益生产模式，引发了生产人员的多次集体罢工和主要技术人员流失，企业整体业绩出现倒退。再如，某企业实施精细化管理后，认为改善效果良好，在数据化管理基础刚刚形成、还没有稳定固化时，老板固执地认为此时可以顺利上线ERP系统，在努力一年后，发现ERP系统无法与企业运作有效融合，严重影响企业正常运行，不得不叫停了花费几十万元购买的ERP系统。

这些都是经营者没有正确处理好企业的变与不变、固化与优化的问题，过早或过晚地推行了变革，从而引发了企业局部和整体的问题。而反观一些能够正确处理这类问题的企业，大都在平稳中发展壮大。

降本增效活动也一样，能不能在遇到质疑时坚持下去，能不能在质疑声中继续发挥作用，是持续降本增效至关重要的一环。

第五个关键要素是降本增效活动与激励相关联，形成良性循环，逐步形成企业文化。推动一项管理活动频繁开展，需要不断地对该活动进行评价。降本增效活动也是如此，如果只有活动开展，但没有评价，活动就会慢慢变少。从一开始将降本增效活动与激励相关联，对降本增效活动的过程和结果进行评价，以促进降本增效活动的再发生，从而形成良性的降本增效活动循环。随着时间的推移，降本增效活动有了进展，效果呈现，不断激励促进，逐步深入企业的每一个角落，小到封箱胶带，大到设备机台；从高层到中层，从基层到一线；从事后降本增效、事中降本增效到事前降本增效；时时、处处、人人降本增效。降本增效活动深入人心，成为企业的广泛共识，成为企业文化的一部分，自然可以持续下去。

降本增效活动持续的关键因素，从深度上看，是企业老板观念上的认同；从保障上看，是制度和政策；从过程上看，是不间断地执行；从方针上看，是正确处理质疑；从结果上看，是良性循环的激励性企业文化；从本质上看，是企业对降本增效活动"学法""立法""执法""司法""护法""守法"的法治过程。

五、如何判断一家企业的降本增效潜力有多大？

本节降本增效切入点

- 用企业经营数据对标行业标杆企业的经营数据，评估并判断降本增效潜力。
- 根据发生过的事情进行感性评估，根据收集到数据进行理性判断。
- 评估和判断企业降本增效潜力的过程，是企业对内自我检讨，对外寻找差距的过程。
- 以行业标杆企业为母本进行全面对标，找到企业的降本增效潜力。
- 根据降本增效对标数据，对比企业之间的差距，产生目标和行动。
- 在不间断的行业竞争力对标中，用行动缩小差距，提升企业竞争力。

提问：我们是一家经营超十年的中型企业，自认为以前企业在降本增效管理方面比同行有优势。可是近几年后来者居上，我们原有的价格优势在市场竞争中荡然无存，现在只能再次深挖公司降本增效的潜力。请问如何判断一家企业的降本潜力有多大呢？有了降本潜力判断之后该怎么做？

答： 这个问题提得好，难点首先在于如何评估企业的降本潜力。正如咨询师进入一家企业调研，需要对企业进行全方位评估，降本增效活动也需对企业的降本增效潜力进行综合评估，最终作出精确判断，以便拿出可实施的计划。案例7以一家企业的降本增效调研过程，说明如何判断企业降本的潜力。

案例7

"望闻问切"实施行业对标 精准诊断降本增效潜力

受A企业邀请，2018年初笔者带队进驻A企业调研。A企业的主要需求是降本增效，在自身多次努力收效甚微的情况下，抱着试一试的心态找到了笔者所在的咨询公司。

与常规咨询协议每次签订时长至少是6个月以上不同，这次的咨询协议只签订了1个月，如果调研报告没有得到企业方认可，咨询项目不会继续下去。由于是咨询老客户转介绍项目，基于A企业的行业属性，笔者亲自制定了一个新的调研策略：用企业经营数据对标行业标杆企业的经营数据，利用15天找到企业主要经营问题点、降本增效总体潜力、降本增效问题的主要对策，另外15天用于降本增效对策细化、架构设计、流程设计并形成实施计划。

项目组参考中医理论"四诊法"，综合运用望、闻、问、切四种方法对企业进行降本增效诊断。

"望"指通过观察获取对企业实际降本工作的初始印象，初步了解并记录降本增效的问题和不足，后期用于验证咨询师对问题的判断。主要内容包括但不限于：深入企业一线观察各工序是否存在浪费现象，观察产品中的不良品及报废品数量，观察各工序的原材料和辅料使用行为，观察生产现场是否堆积、生产节奏是否合理，库存原材料及半成品、呆滞品、成品状态及数量，观察物料的收货、领发料、退料、补料等过程，查阅各种文件资料、原始表单、数据，观察工艺标准、操作标准、作业指导书的执行情况等。

"闻"指通过听取不同人员对同一件事物、同一件事情的描述。主要内容包括但不限于：企业的发展史，企业的优势和不足，企业对行业、产业、市场的看法，市场和客户、业务人员、渠道商、技术人员、供应商、一线员工、企业中高层管理人员等的反馈，参加各种企业会议等。

"问"指有目的、有重点、有技巧的客观性提问，以获得更详细、更充分的信息。主要内容包括但不限于：各级人员问卷调查、各部门问卷调查、各种座谈会、一对一访谈、现场询问、事件提问等。

"切"是对上述三个阶段的问题整理、问题验证与确定、问题汇总、数据统计与分析的过程。基于上述三个阶段的问题点收集，笔者确定了降本增效行业标杆对标的主要内容：企业销售额和人均产值、企业净利润率、企业毛利润率、企业各主营产品毛利率、企业管理费用率、企业销售费用率、企业财务费用率、企业存货和存货周转率、企业销售回款率、企业销售渠道等。

在调研问题点与行业标杆对标的基础上，笔者对企业间的差距进

> 行了详细分析，根据企业实际形成数据化目标（含阶段性目标），根据数据化目标确定降本增效主要问题点及解决思路，15天内形成了经营数据分析向企业方陈述。在这项调研报告陈述后，企业立即签订了为期一年的咨询协议。
>
> 在后续的实施工作中，这些数据化指标成为A企业降本增效工作的指引，到当年年底，大部分降本增效指标完成，达到了预期目的。

由于A企业所处的行业数据透明度高，企业本身也有一定的数据积累，加上咨询老师过往的经验，容易开展行业对标，评估出企业降本增效的潜力，给出明确的量化判断。那么，对于一些行业数据透明度不高，企业自身没有太多关注竞争对手数据的情况下，该如何评估并判断降本增效的潜力呢？

下面以降本潜力评估为例说明这类情况的整体解决思路，可以通过以下多种方式方法结合，找到行业标杆企业或主要竞争对手等对标企业的各种数据，以这些优质企业的相关数据为母本进行成本对标，进行降本潜力的评估和判断，从而找到企业的降本增效潜力。

❖ 企业领导层的感性评估，主要依据评估者的个人能力、行业经验、社会阅历、市场熟悉程度等进行降本增效评估，这种评估可以为降本潜力提供方向性的参考，但它容易受个人价值观影响，有时感性评估出来的数据存在失真，且有些企业领导层感性评估出来的相关数据，在表述时存在过分夸大现象，所以评估时需注意实事求是。如甲企业老板向管理人员诉说竞争对手乙企业的品质状况如何优良、降本增效措施如何得当之类，而甲企业管理人员对乙企业实际状况比较熟悉，对乙企业品质状况感受与老板并不一致，认为甲企业和乙企业的品质状况并不存在较大差距。甚至有些管理人员认为老板、决策层为传递压力故意夸大相关数据和表述，内心对这些数据和说法并不认可。这两种类似的感性描述在部分企业中常常听到，实际上并没有起到应有的作用，反而引起不少管理人员的反感。

❖ 根据公开资料找到行业标杆企业或主要竞争对手的相关数据，如行业协会数据、权威互联网数据、行业主管部门数据、行业研究报告、上市公司招股说明书、上市公司财务报告、上市公司公告、各种媒体公开资料等。

❖ 通过人员招聘汇集行业标杆企业或主要竞争对手的成本数据，如某企业招聘的高层管理类、高层技术类人员，帮助企业在竞争中理性决策，寻找差距，不断地通过降本增效，缩小与竞争对手的差距，在竞争中占据有利地位。

❖ 通过委外加工、招投标活动收集行业标杆企业或主要竞争对手的成本数据，无论是委外加工还是招投标都涉及报价，如果要求参与方提供报价结构，就可以大致了解这些企业的成本数据和费用数据。即使参与方提供的数据有"水分"，经过详细推算、论证后，这些数据仍有价值。

❖ 通过市场竞争了解行业标杆企业或主要竞争对手的成本数据，如招投标项目，一些经验丰富的管理人员在招投标结束后，可以通过竞争对手的报价及当地材料价格、人工成本，推算出该企业的主要成本数据和各项费用数据，从而给企业降本增效对标提供数据支持。

❖ 通过供应渠道收集行业标杆企业或主要竞争对手的成本数据，可以通过机械设备供应商、主要材料供应商、关键辅料供应商、外协加工商的相关数据收集这些成本数据，找到优势和差距。

❖ 通过公开活动收集行业标杆企业或主要竞争对手的降本增效数据，如参观考察、技术交流会等。

主要思路：对发生过的事情进行感性评估，并根据收集到数据进行理性判断。评估和判断企业降本增效潜力的过程，也是企业对内进行自我检讨，对外寻找差距的过程。通过以上措施找到了降本增效对标数据，接下来还需对比差距，产生目标和行动，如表1所示。

需要注意的是，企业对标不能仅限于产出数据，还应对标投入资源方面的数据，包括除上述资源外的组织架构、薪酬水平、福利水平的对标和这些资源的持续投入，才有机会成功实现行业对标。

另外，对标规划不是一年时间就可以完成，有的对标规划达成需要3年、5年的时间逐步完成，在每年底定期检视对标规划达成情况，并根据实际状况对行动作出适当调整。在完成第一轮对标后，继续规划下一轮对标，完成后继续寻找新的对标，如此循环。企业在信息中找到对标数据，在对标数据中找到目标，在目标和现状中找出差距，在差距中列出行动，在行动中缩小差距，最终可以提升企业综合竞争力。

表1 行业对比竞争力规划表

分公司/事业部/部门	序号	行业对标							第一竞争力目标			2025年度对标规划										
												目标			现状			差距			行动			
			行业企业	厂房面积	产出自制能力	厂房面积	单位面积产出	主要设备数量	单台设备产出	人数	人均产值	2025年制定目标	2025年设备规划	2025年厂房需求	人员需求	现有设备产能	现产出能力	人数	目标差异	设备差异	厂房人员	行动要点	里程碑	完成时间	责任部门	责任人
A	1	甲																				
B	2	乙																				
C	3	丙																				
D	4	丁																				
E	5	戊																				
合计																						

第二章

如何构建降本增效管理体系

一、企业成本高的根源是什么？

本节降本增效切入点

- 成本高是一种"症"，是现象，成本高的根源是"病"，是本质。
- 企业老板的观念，是成本高的第一个根源。
- 企业老板需树立正确的成本观念，不断纠正过往错误的成本观念，同时注意自己的言行对成本的影响。
- 企业的设计决定了人流、物流、信息流、资金流等要素的"先天"成本，是成本高的第二个根源。
- 从降本增效角度出发，重视、检讨、审查、重新设计企业的产品设计、物流、信息流、资金流等要素。
- 企业的结构决定了流程和日常工作的开展方式，是成本高的第三个根源。
- 检讨现有不合理结构，通过新增、优化、补充、合并等方法使企业的主要结构合理化。
- 人员的行为习惯影响降本增效的结果，是成本高的第四个根源。
- 提升企业的执行力，不断对人员的行为进行正负激励和教育，使之符合降本增效目的，最终形成降本增效的习惯。

提问：我通过《制造业成本倍减42法》一书，了解了各种无形成本、"看不见""看不懂""看不上"的成本等，也学到了一些解决成本问题的落地方法，在降本增效活动中，特别想了解企业成本高的根源是什么？有哪些对策？

答：这个提问说明你是一位喜欢思考的读者。有的企业单纯地把成本高的原因归结为外部环境，其实外部环境只是诱因，内部环境才是根本原因。用中医的观点讲，成本高是一种"症"，呈现的是一些成本高的现象；笔者的第一本书《制造业成本倍减42法》给出的降本方法多数是"对症下药"，这些方法可称之为"法""药方"；成本高的根源是"病"，是需要了解本质的"医理"。

了解了企业成本高的根源就有机会成为降本增效高手，下面通过企业的人流、物流（本文含产品流，下同）、信息流、资金流四个要素的呈现，从四个维度简要分析企业成本高的根源。

第一个维度是企业老板的观念。企业的各种问题向前追根溯源，大都与老板的观念相关，成本高这个问题也不例外。案例8是一家企业用电现象背后折射的观念。

案例8

倡导节约用电　折射老板观念

Y企业是当地的用电大户，尤其是企业搬迁后，各种因素叠加导致同样产值电费增加30%以上，每月电费超过120万元，企业老板直呼心痛，在一次管理人员会议上，严厉批评了一个生产车间用电浪费

> 现象严重，提倡全公司节约用电。
>
> 　　会后厂务主管人员悄悄告诉笔者，十多年前企业规模是现在规模 1/3 的时候，他曾经向老板提出节约用电的建议，当时还被老板狠狠地批评了一顿，说他不务正业，不去解决生产问题反而关注这些鸡毛蒜皮的事情。这件事很快被其他管理人员知道了，以后厂里再也没有人提节约用电这件事。由于当时市场环境好，同行竞争不强，行业价格水平较高，没有把节约用电当成一件重要事情来对待，直接忽略掉了。
>
> 　　随着规模的扩大，企业进行搬迁，外部环境也发生了变化，行业价格迅速拉低，同行之间打起了激烈的"价格战"，老板不得不带头检视内部成本，直到他看到用电费用升高，又看到车间的浪费问题，于是发生了开头的一幕。

　　可以想象，全公司长达十多年的随意用电习惯，凭老板开一次会、发一次火就能解决吗？答案是否定的，这种习惯已经在企业长期存在，大量的用电硬件已经安装就位，不论是大到厂房设计、机器布局、设备选用，还是小到办公设备、空调风扇、宿舍照明，几乎没有考虑过整体用电量。

　　这个问题解决起来相当有难度，尽管笔者主导相继采取了分区安装电表、每天分区统计用电量、设定区域用电目标值、主要设备用电检查、检查并通报浪费现象、节约用电合理化建议、节约用电分区考核等方法，降低了一部分用电量，可是想要大幅度降低用电量，还有很长一段路要走。

　　又如，笔者辅导某接近亏损的台资企业时，发现企业人工成本整体偏高，多数部门的关键性指标没有统计，作为一家一千多人的企业竟然没有正式的薪酬福利制度和绩效管理制度，询问企业总经理（企业老板）后得知，为了薪酬保密和平衡的需要，企业所有人员的薪酬福利由他亲自确定；绩效管理以前推行过绩效考核，由于发现管理人员提供了假数据，就停止了整个绩效考核，这些数据也就没有再统计的意义；如果需要考核，就由总经理凭印象打分。

这些观念和做法造成了人员流失率高，会做事的人流失，会说事的人留下；部门工作没有量化指标，工作业绩难以正确评价；成本数据没有在管理过程中分解，也不知道真正的成本问题出现在哪个环节，仅凭个人过往经验来做决策、做管理，成本高也就见怪不怪了。

再如，某五金企业在年销售额未达到3000万元前，企业老板能够在大小事务中崇尚节约、反对浪费。在企业年销售额达到5000万元后，老板在会议上批评行政部购买的白板太土，没有品味，接着还提到了另外一些没有品味的物品，告诉参会管理人员，购买的物品包括后续的工作都要讲究品味。3年后笔者再次辅导该企业，发现企业人员节约意识普遍下降，浪费现象严重，管理费用率增高，营销费用率增高，利润率下滑。

据统计，70%以上的制造业老板都是营销出身，具有思维跳跃、反应迅速、行动力强等优点，同时也伴随着缺乏系统思维、决策随意、缺乏计划性等缺点。总之，与其说是企业老板不恰当的表达和行为带动了成本的升高，不如说他们的经营观念中并没有将成本当成一回事，使得成本在潜移默化中升高，直接影响了企业的正常利润。这种老板观念中的"成本DNA"，是成本高的第一个根源，对策就是老板要树立正确的成本观念，不断纠正过往错误的观念，同时注意自己的言行对整个成本的影响。

第二个维度是企业的设计。 有人说，设计是研发部的事情，仔细观察一下就知道，一家企业无论是否设立研发部，或多或少都在进行着产品设计和人员流动设计、物流设计、信息流设计、资金流设计等其他设计工作，它直接决定了企业未来成本的变化。其中，围绕着物料流动、产品流动的成本是企业成本中最大的部分，这里以制造业中要求较高的汽车零件研发设计为例进行说明。零配件的成本在研发设计阶段大多数已经被确定，但在研发设计中经常能看到一些使企业成本升高的现象。有的零配件企业为了抢先拿到客户订单，打样过程匆忙、粗糙，样品在技术和项目人员的精挑细选中产生，并没有将零配件涉及的质量问题、效率问题、成本问题彻底解决掉。直到客户下达批量订单，生产部门大批量生产时，发现"生产1个可以，生产10000个不行"，各种模具问题、材料问题、调试问题、工艺问题层出不穷，只能再采取各种紧急措施"一边修补一边生产"，最后经过数道工序的全检出货才算放心。

笔者在某汽车零件企业调研中发现的研发问题点更能说明研发设计使成本增高的问题，"试样不合格时，靠'修理'将产品送样'合格'，结果正常量产时不能生产或不良率高"，"代号5111机种，模具设计评审没有到位，量产时才发现结构不好，产品生产出来都有毛边，后面生产加工需要多增加6人"，"代号6112机种的模具目前一共制作了3套，但每套的结构都不同，每套的生产效率、合格率也不同，没有看到第3套的进步，反而第1套出现的问题还在重复出现"。

虽然并不是企业研发设计的每一个产品和零件都有问题，也不是每家企业的研发设计做得都不到位（有些研发出身的老板在研发设计管理方面比较出色），但重生产轻设计、重批量轻试产是一种较为普遍的现象。如果加上图纸不全或图纸出错、BOM不全或BOM出错等细节问题，成本只能不断地额外增加。

可以说，企业的设计决定了企业的人流、物流、信息流、资金流等要素的"先天"成本，而没有经过设计或设计不当的企业运作，是成本高的第二个根源。对策是从降本增效角度出发,重视、检讨、审查、重新设计企业的产品设计、人流、物流、信息流、资金流等要素。

第三个维度是企业的结构。主要指股权结构、组织结构、产品结构、订单结构、信息结构、人才结构等,这些结构如果存在问题,会对成本造成不利影响。以企业组织结构为例,如果组织结构不合理,缺乏物料控制和生产计划的统筹监督部门,企业里的物料成本和生产管理成本就会在日积月累中潜移默化地增加。

它的运作过程是:物料请购阶段,由车间自行请购,请购什么、请购多少数量,由车间决定,由于物料交期的不稳定,车间为了保证不欠料,常常选择多出需求量的请购。这种做法对请购的合理性、准确性缺乏统筹监督,增加了资金占用成本。物料采购阶段,买什么、买多少、什么时间到货,由采购决定,由于缺少统筹监督,会再次产生多余的采购量和不稳定的物料交期,增加资金占用成本。物料领用阶段,由车间填写《领料单》,到仓库领取物料,领什么、领多少、什么时间领,由车间决定,多领物料是常事,因而增加了物料成本。上述过程也会产生大量呆滞物料,增加了企业的物料成本、资金占用成本。

生产计划缺乏统筹和监督同样存在问题,客户需要的产品没有生产出来,客户不需要的产品却在成品仓库堆积如山;生产效率低、生产周期变长,导致客户不满意,甚至流失。时间成本增加,产生了不必要的等待成本,最终使物料成本、人工成本、资金占用成本、管理费用增加。

组织结构决定了管理流程,组织结构不合理使管理流程的标准化、精细化、规范化、提质增效、降本增效等目的落空,使管理流程失效。在企业的组织结构中,有必要设置专门的物料控制和生产计划统筹监督部门——PMC部,赋予对应的职能和权限,对物料控制、生产计划进行精细化管理，不断降低库存水平，提升生产效率，降低人工成本、物料成本，使客户满意、股东满意。如果在组织结构中设置了PMC部，下面以PMC部的物控岗位为例，从资金流动的角度简述为什么要设置物控岗位和物控的作用。

- ❖ 请购失控：多买物料产生堆积，设物控防止将资金变成多余库存物料、呆滞物料。
- ❖ 采购失控：物料未及时到达，采购物料的品质不良，设物控防止资金流转速度慢，防止资金变成不良品、呆滞品。
- ❖ 仓库管理失控：车间未按工单多发物料，设物控防止资金额外流入车间。
- ❖ 物料损耗失控：车间超出正常损耗率的领料，设物控防止资金被不合理浪费。

企业的结构决定了流程和日常工作的开展方式，结构不合理是成本高的第三个根源，对策是检讨现有不合理的结构，通过新增、优化、补充、合并等方法使企业的主要结构合理化。

第四个维度是人员的行为习惯。指企业即使有正确的观念、恰当的设计、合理的结构、标准的流程，在实际执行中人员并没有按照规定去执行，使事情偏离了规定和标准，造成成本升高。如仓库规定人走灯熄，有人员没有遵守；随意领用、使用物料导致物料超出正常损耗；物料和产品周转过程中，需要填写的追溯表单没有填写；下料不当造成尾料浪费；不良物料随意放置等。

管理工作原本并不复杂，由于人的介入使它变得复杂起来。成本管理工作即使设定了标准，人们并不一定按规定去做，这是成本高的第四个根源。对策在于提升企业的执行力，不断对人员的行为进行正负激励和教育，使人员的行为符合降本增效目的，最终形成降本增效的习惯。

成本高的一切源于观念，开始于设计，成形于结构，结果形成于人员。正确处理成本高展现出来的问题，有利于企业纠正成本观念、优化设计、完善结构、纠正行为习惯，它们之间的良性互动有利于总成本的降低。

二、通过绩效考核来实现降本增效有效吗？

本节降本增效切入点

- 单纯依赖绩效考核推动降本增效并不可行，既需要绩效考核真正发挥作用，也需要行之有效的降本增效方法。
- 绩效考核要发挥作用，首先得有企业和管理者双方都认可的目标和数据。
- 绩效考核不要随便动人家的"奶酪"，管理人员的薪酬结构要说明白，工资收入和绩效收入分开有利于人才的进入和稳定。
- 绩效考核应避免"管理过剩"，根据企业实际不断调整，从而保持激励作用。
- 绩效考核不顾实际，一味采取高压手段，难以对降本增效起到真正的作用。
- 绩效考核在于整体绩效提升的"开源"作用，不是扣减收入的"节流"作用。
- 绩效考核不等于绩效管理，绩效管理每家企业都存在，只是表现形式有所不同。

- 用"双轨制"推行绩效考核,让数据和改善同时进步,时机成熟再做考核。

提问:绩效考核是一个成熟的管理工具,也是高层决策者常用的管理手段之一,有些职业经理人空降到企业会首推绩效考核,希望通过它解决管理问题,实现降本增效目标,这种做法可行吗?如果绩效考核可行,有哪些值得推荐的落地做法?

答:绩效考核能不能实现降本增效取决于两方面,一是绩效考核能否发挥作用,二是企业管理人员是否有行之有效的降本增效方法,单纯依赖绩效考核推动降本增效并不可行,两方面共同作用才能达到降本增效的目的。

不少企业的绩效考核制度完整,成本和费用数据详尽,在成本核算上属于一流水平;绩效考核表分解科学、明确,与各种销售数据、费用数据、成本数据都挂钩,但企业的各种成本和费用仍然居高不下。如果按照绩效考核来执行,绝大部分管理人员都得淘汰,而企业的实际运行又离不开他们,形成了"看似有考核,实际没作用"的尴尬局面。其做法正如某些企业推行了所谓的年度经营计划,目标、指标、数据都可以算得很清楚,人员的能力却不是一下子就能提上来。于是,目标达不到就开始不停地换人,换人之后不如意再继续换人;换的人即使如意,也有一个适应过程,企业却给不了太多时间和机会让新人生存,如此循环下去,导致原本在大环境中动荡的企业更加不安宁。

依赖年度经营计划提升企业业绩、依赖绩效考核达到降本增效的目的,这些做法都抛开了企业的实际和管理的方法,实质都是无视企业现状和解决问题的方法,试图走捷径去解决问题的高压行为。

案例9是一些企业推动绩效考核的过程，结合绩效考核推行过程中问题的处理，就能明白绩效考核怎样对降本增效起作用。

案例9

企业老板们推行的绩效考核

在笔者所接触的企业里，几乎所有的老板都认为绩效考核非常有用，都想推行绩效考核。有自己推动的，有他人推动的，有推动成功的，有推动失败的，有陷入形式主义的……

A企业老板是营销出身，在企业推行了绩效考核。咨询团队在进驻企业调研时，发现企业主管级以上人员都参与绩效考核，得分都一样，统一为60分。经过人力资源经理和总经理的说明，咨询团队才明白这种局面的形成原因。总经理是个爱学习的人，有一次，看到一家知名企业人力资源总监讲授的绩效考核非常有用，认为适合自己的企业，就一边组织高管团队看视频学习，一边在企业里推行，刚开始的3个月是有效的，被考核人员的积极性有所提高。之后，总经理发现各部门每月交上来的数据越来越不真实，被考核人员积极性也没有推行之初那么高。总经理十分和善，同人力资源经理研究，认为既然数据不真实，刚刚形成的绩效考核也不能亲手推翻，于是给每个人都打60分，对大家都公平。

B企业的绩效考核也与老板有关。作为一家开业近20年的中型企业，咨询团队在实地调研B企业时发现，企业基本没有设置目标，各种数据指标也没有统计，更没有绩效考核。在询问不实施绩效考核的原因时，企业总经理回复："我知道目标、数据指标、绩效考核都很重要，我之前也主导推行过，后来看到他们（经理和主管）的数据造假，据此奖励明显不真实，不按他们的数据来就要闹罢工，最后我就主张不做绩效考核了，目标、指标不要，绩效考核也不要，我自己来看，自己来把握。"

C企业也是一家由老板推动绩效考核的企业，企业设定了主要绩效考核指标，也设定了完整的绩效考核制度和表单。数据统计出来后，大部分数据不达标，如果按照制度来处理，大部分人员的收入至少减半，将出现无人工作的场面。如报废率考核与操作人员和管理人员一挂钩，实际值远超目标值，如果按照绩效考核来扣减收入，无人愿意继续工作；如果不按照绩效考核处理，那么这个制度基本落空，最后执行起来，要么打折有限扣减，要么不予扣减，要么选择性忽略，最终变成了左右为难的尴尬局面。

有人说，上述绩效考核推动并不算成功，但有的企业绩效考核能推动成功，那么，绩效考核推动成功之后的企业就没有问题了吗？案例10是一家企业顺利推行绩效考核后的反应。

案例10

管理人员集体"讨伐"绩效考核

2013年的一个冬日，在某五星级酒店会议室里，D企业正在召开年度经营计划会议。

在人力资源部门下一年度工作报告完成后,各部门负责人对下一年度公司是否继续开展绩效考核的问题展开了激烈的"争吵"和"讨伐"。

人力资源部经理说:"我们公司的绩效考核运作了3年,是该拿出来检讨了!我们实行的是200多人全员考核,每到月底人力资源部门都需要加班加点地统计数据,好不容易数据统计出来了,大家又有一堆意见,吃力不讨好。加上最近网上流传《绩效主义害死了索尼》这篇文章,对我个人触动很大,借此机会,各位领导和部门负责人都在,大家讨论一下,绩效考核还要不要继续搞下去?"

研发部经理说:"我认为绩效考核就不应该搞,它已经害死了索尼,早晚害死我们,中国企业有中国自己的文化和特点,照搬别人的长久不了。"

生产部经理说:"我们部门讨论过这个问题,我刚入职不久的时候,每个月我都有工作计划外精益生产的推行项目,这是我这个岗位绩效考核里所没有的项目,但又是我这个岗位急需完成的工作,比如6月份我列出了4项绩效外的工作计划,有时候推行的工作需要实验和摸索,不一定都能按期完成,结果到月底有两项因为外部因素没完成导致我扣了10分,两个月后我就学聪明了,以后这种计划我都不写在工作计划里,免得被考核,写上去是'自己挖坑自己往下跳',所以我就不推行绩效考核外的这些事了,这种绩效考核制度没办法让人创新!研发部门刚才说得比较含蓄!"

品管部经理说:"绩效考核还出现了这样的问题,中层和基层人员只做绩效考核表里面规定的事情,有些事情不在绩效考核表里面,大家执行得比较慢，处理起来不积极甚至不处理，跨部门协调也存在着这种现象。"

总经理说："你们刚才讲的我认为不是问题，绩效考核不合理的扣分可以提出来，我来特批；或者你提两份计划，一份用于考核，一份不考核，这样就不会因为绩效考核而扣钱了！"

董事长说："不可以，制度就是制度，任何人不能凌驾于制度之上！你提议那两份计划的做法不是等于变相推翻绩效考核了吗？我也有些困惑了，我们公司的绩效考核到底还要不要进行下去？"

PMC部经理高举右手，要求发言："我也有疑问，比如PMC部考核生产部的生产计划达成率这个指标，有的月份生产计划达成率低于目标值，我如实填写，生产部从上到下都会被扣分，他们的收入会因此减少，收入太低生产部的人员会离职导致生产不稳定，下个月生产计划达成率会更低，形成恶性循环，各个工序的组长、主管都来'围攻'我，最后没办法我只好修改数据保证他们的收入！谁能告诉我，我该怎么办？"

董事长苦笑着说："原来我们的考核数据是这么来的！补充一点，人力资源部门应该记下来，我们没有做绩效面谈这个动作，导致PDCA循环不起来，下一年度需要把这一段做起来！"

剩下各部门负责人也都发表了自己的意见，内容基本与上述几位观点相同。这时，董事长向笔者打招呼说："王老师，距离您给我们做咨询辅导已经3年多了，3年多来，我自认为企业的绩效考核水平已经相当好了，结果还是有这样那样的问题，有些问题是大家头一次讲出来，您给我们提一些建议吧！"

笔者说："大家刚才提了绩效考核的问题，我去企业实地看过，这些问题确实都存在，大家天天在谈务实，其实企业也应该抽出一些时间进行'务虚'，比如今天的讨论对企业就很有意义，下面我谈一下对绩效考核的看法。首先，绩效管理不等于绩效考核，而是包含了绩效考核，绩效管理的方法有很多种，绩效考核只是其中的一个方法。举例来说，我之前辅导的一家台资工厂，他们的绩效不与工资挂钩，只是在月度经营例会上列出各个部门的达成情况，然后进行排名公示，未达标的提出改善计划，然后在下一次会议上检视改善的结果，当然，前提是大家对绩效比较在意。其次，尽管说出来会有些不舒服，但各位经理和高管需要明白，绩效考核是基于不信任假设之上的设定，与我们常说的既要授权又要监督是一个意思。我们是一家200多人的企业，人人参与考核，数据统计汇总工作量非常庞大，存在'管理过剩'，建议只考核主管（含课长）级别以上就可以了，生产部员工只考核效率和质量两个指标，统计起来相对简单，建议继续保留。最后，说一下大家都没有讲出来但实际又存在的各位经理、高管的心声。举个例子，我们招聘了工程主管小张，双方谈好的待遇是6000元/月，工资结构没有说明白，按照公司的绩效考核制度，实际绩效考核工资占了1/3即2000元，结果小张上班了一个月，考核下来被扣了20分，工资变成5600元，这时小张有意见了。他感觉自己被人力资源部忽悠了，他可能会敢怒不敢言，也可能准备离开，也可能是去将数据人为地做好一些，工作肯定不会那么积极了。最好的方式是谈好的工资归工资，绩效归绩效，企业不随便去动员工的'奶酪'。这又涉及两个问题：一是做绩效考核时怎样在保证员工基本待遇的同时带有激励性；二是企业的绩效考核已经有一定水平了，与工资挂钩的比例可以适当地降一些下来！针对创新，可以提出单独的激励制度。"

最后，根据笔者的建议，该企业局部调整了实施绩效考核的方式，第二年度的变化证明了调整是有效的。

以上是从企业老板或总经理的角度看待绩效考核，职业经理人又是怎样看待绩效考核的呢？案例11是一位职业经理人遭遇到的绩效考核。

案例11

到底是谁动了赵经理的"奶酪"

赵经理是笔者辅导的一家企业里的计划部经理，曾做过储备干部、生管员、物控员，后来一步步地成长为计划经理，并在外资企业、民营企业等多家企业担任经理多年，可以说是众多工薪族中的典型代表。

在谈到绩效考核时，赵经理表示不打算在自己的部门推行绩效考核，并讲述了一家企业推行绩效考核失败的过程。赵经理在三年前应聘一家注塑企业的计划部经理，入职时谈好的工资是15000元/月（市场价），入职后发现15000元工资里有5000元是绩效考核工资，老板推行的绩效考核指标都是100%。举个例子，订单准交率是指单位时间内（每月、每周、每天）按交期完成订单的比率（实际操作中有企业按数量计算，也有按项数计算，这里按数量计算进行举例说明），如果今天应交货数量是1000个，实际交货是900个，那么订单准交率是900/1000*100%=90%。订单准交率理论上可以达到100%，但实际上由于物料欠交、来料品质、机器故障、模具异常，以及工艺、转运、返工等多种异常叠加，达成100%难度极大，100%也意味着整个系统不出或极少出问题。这家企业的老板强力推行订单准交率要求100%的政策，将订单准交率与所有经理的业绩挂钩，不允许出现任何问题，不听取任何人意见，并表示如果不遵守绩效考核制度可以走人。

在这种高压氛围下，赵经理抱着试试看的态度留下来工作，一个月后拿到的工资由15000元变成了10000元，赵经理愤愤不平，在心中不断呐喊："谁动了我的奶酪？"呐喊之余，赵经理冷静下来，决心在第2个月一定拿到15000元的工资，一方面他工作更加努力，另一方面也虚心向同事请教，最后和同样因考核收入减少的品质部刘经理达成共识，最终在第2个月订单准交率达到了100%，赵经理也拿到了15000元的工资。但100%的订单准交率是赵经理和刘经理相互妥协的结果，比如每次出货保证出货数量达成但不管品质，有时为了赶时间出货，来不及检验就直接出货给客户。结果是订单准交率达到了100%，但退货率也高达30%，最终损失的是企业和客户。

老板发现后马上堵住了这个漏洞，接着经理层又想出了应对的办法，几个月后，随着摩擦越来越多，收入没有达到期望值，赵经理主动选择离开了这家企业。

在听完了赵经理的经历后，笔者阐明了一个观点——以扣钱为目的的绩效考核注定推行不成功！曾经有老板在听了绩效考核管理方式后，兴奋地表示对它相见恨晚，认为一旦有了绩效考核就能"科学合理"地扣减员工的工资了！笔者告诉老板，这个出发点是错误的，基于这种思维绩效考核一定推行不成功！一谈到绩效考核，有些人会想怎样才能多扣一点，而绩效管理的目的是在持续提升员工能力水平的基础上，使员工持续地改进绩效，从而提升企业的整体绩效。从这个意义来看，绩效管理更偏向激励性，它给企业带来的效益，来源于整体绩效提升的"开源"作用，而不是扣减员工收入的"节流"作用。当然，绩效管理不能一味地追求激励，也要从绩效减少中体现组织的文化取向。在奖惩设计时，必须遵循基本对等原则——绩效工资"顶"和"底"的设计必须是基本对等的，如果下不封底，那么必须要做到上不封顶。一般情况下，在实施绩效管理的前后，应该努力保持薪金的总体水平没有大幅度变动，而绩效考核结果好的员工薪金一定要比以前高，这样才能起到激励作用。

赵经理点头表示认同，这时笔者向赵经理讲述了多年前一个成功推行绩效考核的案例。

王经理长期从事人力资源工作，一直担任经理岗位，当年人才市场的薪资水平在8000元/月左右。他应聘上了一家电器企业的人力资源经理，企业老板对他的薪资说得非常清楚："岗位起薪是8000元/月，上限是12000元/月，8000元/月对应的绩效考核分数是60分，标准是这样子的（拿出考核标准），12000元/月的考核分数是100分，标准是这样子的（拿出另一份考核标准）！"

王经理仔细看了考核标准，认为非常合理，既尊重现实又具有挑战性，于是欣然入职。后来，劳资双方合作得比较愉快，王经理也一直在这家企业工作。

笔者讲完后，赵经理说："王老师，这个案例是成功的，这种绩效考核对双方来说都是合理的，我们今天讨论的都是沿海发达地区，内地企业推行绩效考核的状况是怎样的？合理推行绩效考核的方法是什么？"笔者告诉他，内地只有一部分企业实施了绩效考核，并讲述了一家机械企业的案例来说明绩效考核的问题点和推行方法。

2015年，笔者应邀到内地一家机械企业调研，其间重点讨论了绩效考核问题，企业总经理特意拿出厚厚的一叠绩效考核表，虚心听取意见。在仔细看了这一整套资料后，笔者指出了其中的几点不足：

❖ 没有从经营角度分解指标，如销售额、人均产值、各种成本、各项费用等。

❖ 考核指标没有层次，没有做到自上而下地分解和相互支持，缺乏关联性、系统性、逻辑性。

❖ 未从实际出发，企业并不清楚目前所列出考核指标的真实水平是多少。

❖ 一些指标未留余地，完全按照100%考核，被考核人分数可能不够扣减形成负数。如来料合格率中每项不合格物料扣2分，而实际这家机械厂的来料合格率在80%左右，每月至少有200项来料不合格。

❖ 指标数据来源不清，如何检查统计的正确性。（应该来源于流程、表单的流转）

❖ 从部门负责人、主管到一线员工，200多人全部考核，参与人员太多，推行难度大，数据庞大导致工作量巨大（可以先从部门负责人开始考核）。

❖ 考核指标过多，每人考核指标高达10-20项，被考核人难以记住，更谈不上执行。

❖ 监督部门与执行部门考核同一个指标，容易相互妥协，如生产计划达成率既考核生产部门又考核PMC部门，把球员和裁判一起考核的结果，通常是你好、我好、大家好，谁也不会去监督对方。

❖ 指标定义不清晰，比如来料合格率是按批次计算还是按数量计算，得到的结果将截然不同，而结果关乎被考核人的收入。

❖ 有些考核内容属于制度层面的，可以不列入考核，如早会不参加每次考核扣2分，这是制度，可以执行点对点的行政管理。

❖ 提供数据的部门不参与提供数据的考核，建议列出每一项指标具体由哪些部门提供。

笔者同时提出了"双轨制"推行绩效考核的方法，即先提出目标，让大家关注目标；提出数据上的问题，解决大家提出的问题；每周总结、每月检讨，先不与经济挂钩；在提出目标的同时建立流程、制度、表单，直到两方面都顺利运行，一旦数据能够反映出实际状况，合二为一进行考核，问题和声音就不会那么多，绩效考核也更容易落地，起到应有的作用。

赵经理又问："王老师，现在一些互联网公司宣称自己的公司没有绩效考核，这是真实的吗？"

笔者告诉他，每家企业都会有绩效，都会对绩效做出管理，绩效考核只是管理的一个方式，而互联网公司的绩效管理只是换了一种形式罢了。比如某公司在某一年手机总出货量是8000万部，这就是绩效，

> 其他的互联网公司每年也一定设有销售额目标，这也是绩效。管理的规律不会随着互联网的出现而消失，恰恰相反，移动互联网时代、AI时代更能证明管理规律的存在。
>
> 　　赵经理似有所悟，打消了自己不打算推行绩效考核的念头，准备回去在自己的计划部先推目标及统计方法，每周总结、每月检讨，让大家先行动起来！

　　现在以产品报废率这一指标说明如何运用绩效考核降低产品报废率。首先需要统计现状数据，准确定义报废率的含义，明确统计范围和数据来源。其次是设定最终目标和阶段性目标，并对报废率产生的主要问题进行分析，列出改善对策。再次是聚焦报废率，明确报废产生的责任部门、责任人，每天、每周统计报废率数据。最后是根据报废率数据的变化制定相关的对策，如建立流程、优化操作标准、检查操作动作、完善检验标准、评比责任部门或责任人等。找到降低报废率的一系列有效动作，使报废率数据达到阶段性目标，给予相关人员奖励。

　　在推行之初可以与责任部门或责任人收入挂钩，试运行1-3个月后根据实际情况合理调整。最终报废率与责任部门或责任人挂钩，正式形成绩效考核。

　　在这个过程的前期，数据不一定要与经济挂钩，考核方式的呈现除了经济形式，还有表扬、批评、谈话、聚焦、述职等。在这个过程的后期，数据与经济挂钩后并不意味着一劳永逸，绩效考核是个逐步调整、相互适应、相互促进、共同提高的过程。

三、企业如何建立自己的降本增效管理体系？

本节降本增效切入点

- 公司级降本增效计划是对企业未来降本增效活动的总体策划，主要目的是保证成本不升高，找到降本增效的新空间，保持并获得更高利润。
- 公司级降本增效是公司最高决策层必须定期关注、定期检视的事项。
- 公司级降本增效计划、部门级降本增效计划、岗位级降本增效计划这三部分，形成了企业的纵向降本增效体系。
- 横向降本增效体系是从销售线索到售后服务整个过程的重点环节。
- 横向降本增效体系是从降本增效的角度，制定并筛选出操作环节的注意事项和控制点。
- 纵向降本增效体系和横向降本增效体系的交叉点是管理数据和财务数据。

提问：我们企业多年来陆续推行了不少降本增效活动，有些管理人员也提出了一些新的降本增效点子，可是总感觉降本增效管理工作缺乏规划和章法，没有形成一定的体系，企业该如何建立自己的降本增效管理体系呢？

答：这类现象在一些推行降本增效活动的企业里大量存在，主要原因是企业阶段性、突击式降本增效，没有静下心来深入思考如何把降本增效活动日常化、体系化，如何使这项工作持续运行下去。

案例12中两家企业的降本增效活动可以说明降本增效管理体系的形成过程。

案例12

是否形成降本增效体系 影响企业长期经营业绩

E企业是笔者辅导的一家大型企业，在企业年销售额达到7亿元时，利润开始明显下滑，企业与咨询团队一起，启动了一轮大规模的降本增效活动。

降本增效活动由咨询团队牵头，企业董事长提出降本增效目标，总经理将目标分解到各部门，各部门总监级以上人员提供降本增效对策及完成日期，经公司核心团队评审通过后实施。这些降本增效对策一部分来自董事长的个人想法，一部分来自管理团队和咨询团队。在大家的共同努力下，次年的成本得到了有效控制，赢得了应有的利润。

在上述降本增效方法落地后，笔者提出将成本管理同降本增效工作结合，形成下一年度的公司级降本增效管理目标、部门级降本增效管理目标，以利于降本增效活动的持续进行。企业董事长明确表示达到降本增效目标即可，不须再深挖，企业有新的重点。

3年后，笔者再次辅导这家企业，发现企业的成本在波动中升高，利润再次下滑，企业规模有所缩减，董事长又在苦口婆心地为各部门讲解降本增效问题、提出各部门的降本增效要求。造成这种局面的原因在于降本增效活动随着人员的流失、工作岗位的变动，以及决策层对降本增效的不重视，导致以前一些有效的降本增效方法或是没有执行，或是执行走样，只能花时间重新梳理。

F企业是笔者与E企业同期辅导的中型企业，F企业的成本并不高，为了规范成本管理和进一步获得竞争优势，开展了降本增效活动。

F企业董事长有营销背景，在咨询项目开始之初，就反复强调自己对内部管理并不专业，降本咨询活动一定要让他听得懂，并且在降本增效管理方面形成体系。因此，在降本增效咨询方面，从组织架构到流程梳理，从各种表单到数据形成过程，从报价到出货，从预算到核算的主要环节梳理，他都亲自参与，并形成了大量的流程、制度、表单、数据。在降本增效管理方面，通过各种方案、活动的落实，降低了公司整体运营成本。在降本增效动作落地后，他在咨询团队的协助下，制定了次年公司级降本增效目标和降本增效思路，同时制定了次年部门级降本增效目标和考核目标。

经过一年的执行，企业主要的降本增效目标基本达成，利润目标实现，走上了扩张之路。之后的每一年，F企业都在当年底制定出次年的降本增效目标，并推行与之匹配的考核，以避免企业陷入"大而不强"的局面。3年后笔者回访，F企业成本管理水平优良，每年都能达成利润目标，已经准备启动上市工作。

这两家企业的案例充分说明了是否形成降本增效体系给企业后续经营带来的差异，下面从纵向和横向两个维度简要说明降本增效体系的形成过程。

从纵向看，降本增效工作可分为公司级降本增效计划、部门级降本增效计划、岗位级降本增效计划。其中，公司级降本增效计划是对企业未来降本增效活动的总体策划，主要目的是保证成本不升高，找到降本增效的新空间，保持并获得更高利润，为企业未来发展打下有利的竞争基础。

公司级降本增效包括研发降本增效、营销降本增效、生技降本增效、工艺降本增效、质量降本增效、效率降本增效、管理降本增效、设备降本增效等，一些反复出现的顽固问题和一些新技术、新材料、新设备、革命性的工艺也将在其中出现。这类降本增效工作并非只提出名词，还需要有具体的事项、具体的实施对象、具体的实施思路、具体的数据做导向，有明确的负责人和完成时间，有明确的奖励（以这个为主基调）和惩罚，也需要企业有明确的资源投入，用于保障降本增效工作的顺利进行。公司最高决策层必须定期关注、定期检视公司级降本增效，并根据降本增效工作的进展发出指令或快速调整，以保障这些工作落地生效。

部门级降本增效承接公司级降本工作，落实这些工作并接受奖罚，也可以提出公司级降本增效工作以外的降本增效事务。部门提交具体的降本增效步骤、降本增效动作、所需资源、完成时间等，交由公司评审，通过后按期实施。

岗位级降本增效承接部门级降本增效工作，充分发挥主观能动性，落实部门安排的降本增效工作并接受考核。也可以根据岗位实际，按管理规定提出降本增效合理化建议，经评审通过后实施。

公司级降本增效计划、部门级降本增效计划、岗位级降本增效计划，共同形成了纵向降本增效体系。

从横向降本增效体系看，从销售线索到售后服务整个过程的重点环节均包含在内。以某企业为例，降本增效工作涵盖了搜集和接收市场信息、销售线索管理、客户来厂参观及洽谈、报价、订单技术评审、订单交期预评审、签订《销售合同》、生产计划编制、物料需求计划提出、物料请购、采购、收货、领料、退补料、首检制作与检验、生产过程控制、生产进度管理、生产异常处理、生产协调、制程检验、工艺检查、线上终检、入库管理、制令结案、出货检验、出货管理、应付管理、应收管理、售后管理等。有些企业除了上述环节外，还有研发管理、试产管理、量产管理的过程。这个体系并不是按部就班的常规操作，而是根据行业特点、企业特点、降本增效的需求，提炼出这些环节中的降本增效要点。从降本增效的角度重新审视它们，增加操作前、操作中、操作后的注意事项和控制点，并在实践过程中检验这些内容的正确性、准确性、完整性。经过不断地检验、修正、优化，最终形成一套属于企业自己的横向降本增效体系。

纵向降本增效体系和横向降本增效体系的交叉点是管理数据和财务数据，并最终以财务报表的形式展示出来。完成降本增效体系建设，就已经在降本增效工作中领先了一步，但这并非一劳永逸，还需要强大的动力推动和维护降本增效体系的运行。只有不断改进、不断优化，直到自动循环、自动运转、自动进化，才能帮助企业持续地实现总成本领先，持续地获得稳定利润，使企业获得持久、健康的发展。

四、企业降本增效需要哪个部门推动？

本节降本增效切入点

- 降本增效活动由哪个部门推动，与企业规模直接相关，与推动形式相关。

- 降本增效活动推行的形式有两种，一种是自上而下，另一种是自下而上。
- 由总经理室主导的降本增效形式适合规模不大的企业，考验的是总经理室对企业降本增效的整体规划，也考验企业的执行力。
- 财务部主导的降本增效形式适合规模较大的企业，考验的是财务部的组织协调能力、权威性和影响力，也考验部门间联动能力，更考验降本增效方案的有效性和执行力，对企业管理人员综合能力有较高要求。
- 由部门负责人主导推动降本增效，特别适合生产系统管理人员，能够培养管理人员的成本意识，提高管理人员的降本增效管理能力。
- 无论哪种降本增效推动形式，只要企业人员能够接受，并能够产生降本增效成果，就是行之有效的。

提问：我们最近推行全公司降本增效活动，大家对由哪个部门主导意见不一，有人认为应由财务部主导推动，有人认为应由生产部主导推动，还有人认为单独一个部门未必推得动，高层领导推动会更合适。那么，哪一个部门主导降本增效工作更好呢？

答：这个问题在一些企业里曾经有过多次讨论，它既与企业规模直接相关，又取决于降本增效活动的推动形式。在咨询实践中，降本增效活动推行的形式有两种，一种是自上而下，另一种是自下而上。

案例13是两家企业自上而下推行降本增效活动。

案例 13

总经理室主导降本增效　部门执行降本增效方案

J企业是一家产值近2亿元的公司，员工200多人，企业有相对完整的组织架构，有完整的研发、生产、供应、营销部门。在推动该企业降本增效活动前，笔者与企业董事长、总经理、财务部经理、生产副总等管理人员，对由哪个部门主导降本增效活动进行了正式讨论。

财务部经理认为，财务部可以提供与成本相关的各种详细数据，但财务部成员不懂生产，只有成本会计对生产过程中的少部分工作内容有浅显的了解，而成本主要出现在生产部门，由生产部主导更合适。

生产副总认为，生产部虽然人数众多，且涉及的成本环节较多，但生产部门的管理人员文化程度较低，有的人对电脑操作不熟悉，缺乏财务知识和成本知识，并且生产部门的主要任务是生产出货。涉及降本增效的重点部门不是只有生产部，研发部、采购部都占有一定的比例，而且生产部对效果评价没有财务依据，主导降本增效的操作难度较大。

总经理认为，公司规模不大，各部门职能明确，降本增效与每个部门都有关系，如果不能确定主导部门，那么接下来将直接由总经理室下达降本增效目标。

在讨论会结束后，企业方董事长、总经理、笔者3人对这个问题达成了一致意见。考虑到企业规模和现状，决定由总经理室主导推动降本增效活动。具体做法为：由财务部提供营收和成本数据，由总经

> 理室确定降本增效目标，形成各部门降本增效的主要思路、主要方案和动作，以及每个降本增效项目的阶段性奖励设置，由各部门按照方案执行动作，由总经理室稽核人员定期检查执行情况并报告总经理。
>
> 各部门在落实总经理室的降本增效方案过程中，根据降本增效项目情况，可以先行申请一定的奖励金额；在方案完全落实达到降本增效效果后，可以申请剩余部分的奖励金额。在此基础上，如果各部门接收了公司级必选项目的降本增效方案，还可以根据部门实际情况，申请提出可选项目的降本增效方案，提出降本增效动作、降本增效项目奖励金额及完成时间，由总经理室批准生效后执行。
>
> J企业以这种形式，完成了企业主要的降本增效活动，达到并部分超出了预期降本增效目标。

这种由总经理室主导的降本增效形式适合规模不大的企业，考验的是总经理室对企业降本增效的整体规划，以及对降本增效思路、方案、动作的准确把握，这些对企业高层决策者有较高的个人要求，对企业的创新能力也是一种考验。需注意的是，各部门的执行力与降本增效效果息息相关，不能只重视降本增效方案，而忽视了降本增效动作的执行。

在激励机制上，企业可以充分发挥"船小好调头"的优势，除了鼓励内部增加可选项目降本增效方案外，还可以根据实际设定出更多的快速降本增效机制，最大限度地使用好内外部一切可以利用的资源，从而使降本增效的效益最大化。

案例14中这家企业推动的降本增效活动，与J企业的推行方式有所不同。

案例 14

财务部主导降本增效　各部门联动提交方案

K企业是一家年产值超10亿元的企业,全国有多个生产基地,企业有健全的集团公司组织架构。

K企业在推动降本增效活动时,企业董事长明确表示由总部财务部主导推动。该公司总部财务部有各部门、各生产基地(下文与部门合并,统一称部门)、各产品、各工序详细的成本和费用数据,财务部也有充足的人力跟踪降本增效活动。

由企业董事长、财务总监、咨询项目组设定各部门降本增效目标,由财务部形成书面文件下达到各部门,同时明确各种资源归口,明确具体降本增效项目负责部门。由责任部门限期提出具体降本增效方案,由财务部组织相关总部职能部门、总工程师、副总经理、总经理、企业董事长、咨询老师组成评审小组,对各部门提交的降本增效方案进行评审,对降本增效方案的合理性、准确性、可执行性提出质询,提出相关修改意见,提供资源支持。

在降本增效方案评审通过后,责任部门负责执行,总部稽核部门在降本增效方案完成过程中,对各项工作执行情况进行检查,并将结果通报全公司。降本增效方案需要延期的项目,由责任部门提出申请,总经理批准后交财务部备案。降本增效方案完成后,由财务部用数据验证降本增效成果的有效性,稽核部门验证降本增效动作的持续性。

到期没有完成降本增效方案的责任部门,以及未达成降本增效目标的责任部门,由总部领导视情况对部门负责人做出相关处理,如承

> 担经济责任、调整工作岗位等。
>
> K企业以这种形式进行了多轮降本增效活动，通过财务部主导、各部门联动的具体方式，在各方的持续努力和调整下，基本完成了预期的主要增效目标。

这种由财务部主导的降本增效形式适合规模较大的企业，除了对财务部的成本和费用数据有详细的要求外，考验的是财务部的组织协调能力、权威性和影响力；也考验着企业的部门联动能力，以及各部门降本增效方案的有效性和执行力，对企业管理人员综合能力有较高要求。

除了上述两种自上而下的降本增效推动形式，近年来，笔者在一些企业辅导其他模块的咨询项目时，实践了自下而上的降本增效形式，也产生了一定的效果。具体做法是由部门负责人主导推动降本增效，每周进行总结（见表2）并制定下周降本增效计划（见表3），在公司周例会上以PPT形式公布。

表2　本周降本增效工作总结表

本周降本增效工作总结表					
序号	降本增效项目/对象	采取的降本增效动作	改善前数据	改善后数据	效果说明

表3　下周降本增效工作计划表

下周降本增效工作计划表					
序号	计划降本增效项目/对象	计划降本增效动作	主导人	计划完成日期	预期效果

这种做法对企业规模没有要求，特别适合生产系统管理人员，以及对降本增效需求不急迫、有充裕时间和耐心的企业，此活动可以培养管理人员的成本意识，并不断提高管理人员的降本增效管理能力。在这种做法的过程中，企业需正确引导降本增效负责人，准确评价降本增效动作，及时宣传和推广一些有效的做法，并每月根据降本增效效果进行奖励。

以上三种做法，在降本增效实践中都有一定效果，读者可以根据企业实际，选择一种最适合的形式，或者创造一种新的形式，让企业人员能够接受，并产生降本增效效果。

五、规范的企业降本增效效果不佳的原因是什么？

本节降本增效切入点

- 降本增效管理中的问题绝大部分以小问题的形式出现。
- 企业自主降本增效效果不佳的第一个原因，是企业采取"能人"管理的人治模式，导致企业小问题不断，并且认为降本增效也是小问题。
- 企业自主降本增效效果不佳的第二个原因，是企业内部没有感受到外部的竞争压力、成本压力，整体降本增效决心不够。
- 企业自主降本增效效果不佳的第三个原因，是企业管理人员的局限给降本增效工作造成障碍。
- 企业自主降本增效效果不佳的第四个原因，是企业对降本增效的激励政策和激励力度不够。

- 企业自主降本增效效果不佳的第五个原因,是自主降本增效的设计机制和利益交织。
- 经营者的视角脱离了实际。

提问:我们企业管理相对规范,有成熟的管理体系,也有专职的成本管理人员和独立审计部门,财务报表显示,公司在自主降本增效方面成效不大,原因是什么呢?

答:针对这种类型企业的状态,笔者结合辅导过的类似企业和台资企业经历,帮助分析找出自主降本增效效果不佳的主要原因,希望对企业有所启发。

原因一是这类企业采取"能人"管理的人治模式,导致小问题不断,并且认为降本增效也是小问题。能人模式中的"能人"有两类,一类是企业老板,靠个人眼光和个人能力准确把握市场,行动力强,带领企业由小到大,对个人能力十分自信,在企业里是绝对权威,典型表现是开会"一言堂"。

随着企业规模扩大,原来事无巨细都过问的做法行不通了,老板只能抓大方向或者重要部门、主要资源。可是原来潜在的若干问题和事务并没有完全走上标准化、制度化的道路,处于"大问题不经常出现,小问题却接连不断"的状态。但企业即使出现了个别棘手问题,只要老板"发话",大家努力一下还是能将问题解决。在制度执行方面,有时老板为了解决问题,出现了个人随意性,员工称之为"有的人有流程不去执行,找老板签字最快""公司高层领导带头破坏流程、制度,导致有些流程落实不了、制度建立不起来"。

另一类能人是职业经理人,多以高管为主,他们凭借个人能力、个人经验、个人权力管理企业，能取得一定效果。但是职业经理人从入职的那一刻，就带着业绩和生存压力，没有安全感，注定不会把流程制度建设作为主要任务。高管因为各方面制度的不健全，不得不行使行政权力施加压力，但是，这只能解决一时的问题，并不能长久。

下面是两家公司PMC部经理年终总结中关于这个问题的叙述。

"副总在任时没有建立流程、制度，仅靠个人能力去管理，离任后该部门问题不断。"

"供应链系统每一年半载就更换一个副总，来一个人就把每个部门都倒腾一遍，每一次改变后又没有得到肯定，公司是不是已经找到适合自己的计划运作模式？下面的人在想，何时是个头啊？再这样下去，人心会散掉……"

"究竟是流程体系大，还是行政指令大？流程是维系公司正常运转的框架，每一层管理者都应有相应的决策能力、职责和权限；而目前行政指令太多、太细，已经让中基层管理者逐渐丧失了流程赋予的决策能力，导致他们不敢担责任，不敢做决策，事事都上报，让上面的领导做决策、发指令，下面的人照做就行。如果领导离开公司了，下面的团队还能撑起来吗？"

这种情况的出现，是任用职业经理人这类能人管理所产生的"钟摆效应"，企业在"乱"和"治"中徘徊，管理在不同模式间摇摆。

以上两种能人管理模式，实质都是人盯人的"人治"模式，经常将个人权威凌驾于制度和流程之上，管理模式随着人的波动而波动，管理人员的注意力集中于领导，导致企业小问题不断且易重复出现。降本增效管理中的问题绝大部分以小问题的形式出现，由于企业的"法治"未彻底形成，企业员工对产品交付、产品品质等日常出现的小问题早已习惯，对成本问题更是视而不见，自主降本自然效果不大。

原因二是企业内部没有感受到外部的竞争压力、成本压力，整体降本增效决心不够。 在上述企业类型中，如果企业所处的行业受"微利时代"影响较小、利润尚可，也没有严重竞争的局面出现，一般不会把降本增效作为一项重大事项对待，老板、高层领导自然也缺少降本增效的决心，中基层管理者和一线员工也感受不到公司降本增效的决心。这时推行自主降本增效，大家不会较真，也难以取得较好效果。

只有极少数企业在成本上"居安思危"，即使在利润可观时仍在成本上下功夫，或采取行业对标，或制造"鲶鱼效应"，或自我创新、设定目标超越，从而主动提前激发内部降本增效的决心。

当外部环境对企业不利，导致企业利润明显下滑时，老板对降本增效明显有决心；当外部环境造成企业亏损时，企业从上到下都会显示出降本增效的决心。而早下决心降本增效的极少数企业，因为提前有准备，时刻有降本增效的决心，很少出现利润大幅下降或亏损的局面。

原因三是企业管理人员的局限给降本增效工作造成障碍。 由于企业管理人员自身的行业经验和专业限制了思维和眼界，阻碍了他们向更高一层提升，影响了降本增效的效果。案例15反映了这一问题。

案例15

"外行"帮助内行突破行业纪录

H公司是一家在行业内名列前茅的大型企业，拥有省级研发中心和行业大型专业实验室。随着企业规模扩大，利润却逐年下降，个别月份开始出现亏损。

2007年,笔者参与了该企业的经营变革活动。调研发现,H公司的主要产品终端用户报废率为2.49‰,行业公认数据为3‰,这个数据得到了企业方的认可。虽然这项数据使企业在行业内有良好的质量口碑,企业方对该数据比较满意,但是在调研后项目组还是发现了诸多技术和品质问题,如技术文件版本管理混乱,品质检验记录缺乏准确性、可追溯性,计量和校验工作出现偏差,部分材料检验标准、抽样标准不清晰,制程品管检验记录不全,客户投诉的问题没有及时关闭,品质数据未与实际形成循环等。

在正式实施后,项目组老师第一次找到技术品质部经理,经理表现出一脸不耐烦,嘀咕着自己是行业专业人士,报废率在他的努力下已经行业领先,属于行业极限水平了。项目组老师热心又毫不客气地指出技术品质部存在的问题,告诉他这些问题都要解决,并指出其中一些问题对成本的影响,提醒他不要执着于自己的专业。迫于项目组老师的热情、公司的成本压力,以及公司领导层展示出来的降本增效决心,经理表示愿意改善这些问题。

之后,项目组老师经常和经理讨论、分析、解决问题,各自发挥优势,一起推动企业技术和品质问题的改善。经过企业员工和项目组老师5个月的努力,企业亏损现象彻底扭转。此时,产品品质也出现了好转。据技术品质部统计,报废率降至2‰以下,营销人员认为这项数据太低不可能,但经多位人员复核后,确认数据真实。4个月后,报废率继续降至1.36‰,这项数据刷新了行业历史纪录,为企业赢得了更好的口碑和市场,总经理称不可思议。项目结束时,集团董事长

> 感慨地表示："没想到项目组老师从未做过我们行业，却帮我们把品质做得这么好！"

类似的情形在早些年时有出现，很多企业老板在咨询项目开始前，会强调自己所在行业和企业的特殊性，表示一定要有对行业熟悉的咨询师才能更好开展工作。认为懂行业的人一定比不懂行业的人做得更好，这是对管理的常规认知，但他们忽略了一点，懂行业的人正是因为懂行业反而使思维受到限制，一些不懂行业的人因为没有思维限制反而产生较好效果。这也是企业过于优秀而难以卓越的道理所在。

近年来，情况大有好转，多数企业对咨询师的行业经验不做要求，甚至个别企业明确建议咨询师是未从事过该行业的咨询人士。

原因四是企业自主降本增效的激励政策和激励力度不够。无论自主降本增效还是借助第三方力量推动降本增效，激励政策和激励力度都是降本增效有效果的必要条件。从多家企业推行合理化建议这项政策的实施过程和结果，可以看出激励的一般规律，只要将合理化建议列为企业的长期政策，就会一直有人提出合理化建议，持续创造效益；合理化建议奖励力度越大，企业的合理化建议水平越高，产生的经济价值越大；二者都能做到的企业，在降本增效及其他管理方面收获更多。

反观一些企业实施的合理化建议制度，设定的政策缺乏持久性，设定的奖励力度缺乏吸引力，有的企业没有兑现奖励，有的企业认为这是管理人员和员工的职责，拒绝提供奖励，这些做法都严重伤害了企业人员降本增效的积极性，完全不会有效果。而正确实施合理化建议制度的企业，能通过在激励政策、激励力度上的小投入获得大收益。

案例 16

激励，产生意想不到的收益

M企业是一家集团公司新组建的下属企业，年销售额约1亿元，在企业的合理化建议活动中，一位生技组长的表现让入职集团二十多年的生产经理感慨不已。

企业的产品生产每天需大量使用一种辅料油脂，用于辅助产品脱模。2022年，企业推行合理化建议奖励后，生技组长提出了油脂回收的建议，并制作了一台油脂回收装置，经过综合评估，该建议符合技术标准、产品标准，可以在车间所有机台上使用。此项建议为企业每月节约油脂19.62%，每年节约12.43万元。企业给予了该生技组长应有的表彰和奖励，随后提升他为车间主管。

生产经理对此十分感慨，这样的生产方式已运行六年多，他每天和技术员待在一起，每天都在思考这些机台的改善，竟然都对这个改善点熟视无睹，也从未有人提出过这项建议。现在有了政策，有了激励，大家就有了改善的积极性，企业最终也受益，接下来要将这项政策持续推动下去。

这些合理化建议看起来较简单，实践中改善点却难以发现。如果有持久的激励政策和合理的激励力度，会促进企业人员思考、发现更多的改善点，从而出现明显的降本增效效果。

原因五是企业自主降本增效的设计机制和利益交织。马克思说："人的一切行为，都是为了利益的获取。"利益指经济利益和精神利益，也可以是二者的结合体，上面案例所产生的变化也是利益的结果。但企业里偏偏有些管理者，喜欢用高高在上的视角看待和解决问题、设计问题的解决方案。由于脱离了实际，效果通常不好。

例如，某企业在引入第三方咨询公司推行薪酬绩效时，老板发现公司半年前入职的人力资源经理在绩效考核方面十分专业，于是询问他为什么不在公司推行绩效考核，人力资源经理回复是因为对企业还不熟悉，他的实际想法是：如果推行绩效考核，自己的岗位也得考核；如果绩效考核推行成功，皆大欢喜，自己受益不大；如果推行绩效考核失败，问题就大了，自己可能因此离职；做这件事个人没有受益，多一事不如少一事，不推行绩效考核才是个人的优选策略。并不是这位人力资源经理的心机有多重，而是人性使然，利益是人性的本质。

自主降本增效效果不佳的原因中，缺少人员主导也是一大原因。一些增效主导人认为，做好了受益不大，做不好可能会被批评、被抱怨，多一事不如少一事，最后选择不去主导推动。

又如，制程异常问题的产生和处理会产生大量成本，一家企业老板认为制程异常一定要在发生时尽快解决，这个观点无疑正确，为此他亲自制定了制程异常的管理流程：异常发生→车间主动提出和报告异常→车间主动解决异常→异常解决不了对车间负责人进行扣款。这一流程看似没有太大问题，执行时却无人理睬。笔者仔细分析了该企业的实际情况，认为这项管理流程脱离了实际，因为生产部门需抓产量、抓质量、抓交货，日常工作量非常繁重，没有精力解决所有的制程异常，需要分类指定制程异常处理的责任部门、责任人，发生制程异常时，由生产部联络、协调、记录。

正如多年前一位总经理和生产副总对机台管理的争议。生产副总认为企业机台管理处于维修时代，企业能先做到及时维修就非常不错了，做到及时维修之后再去推动定期保养；总经理认为企业机台管理处于保养时代，操作机台的每个人都应该像爱护自己的车辆一样，达到一定公里数就应该主动保养。实际上，这家企业的机台维修并不及时，每月有20%左右的生产计划因为机台维修问题无法达成。

高层领导者或企业老板的设计是让管理人员自己去降本增效却没有给出太多的利益，让采购员自己降低采购价格却没有什么利益，也没有给予采购责任，类似这样的做法难以奏效，因为管理人员本身就是降本增效管理活动中的利益相关者。归根结底，管理人员会权衡，降本增效会有什么利益，不降本会有什么责任。

如果说依靠行政命令和绩效考核也可以实现大收益，那么笔者建议大家重新审视这个问题。其实，这就是降本增效效果不佳的根本所在。

第三章

降本增效常用方法

第三章 降本增效常用方法

一、承包是降本增效的"灵丹妙药"吗？

本节降本增效切入点

- 承包是一把锋利的双刃剑，应用在降本增效中需慎之又慎。
- 在经营管理受控的前提下，对局部生产工序进行合理承包，对企业降本增效有益处。
- 承包制是降本增效的有效措施，但是未必承包都能做到降本增效。
- 承包制的必备前提是组织的集权程度高，企业整体高度受控。
- 承包制容易让企业失去团队协作能力，必须保留一些企业权力。
- 如果要推行承包制，可以先从小范围开始试运行。
- 承包制必须考虑极端问题和极端状态的处理办法。
- 为了降本增效，失去了主动权的承包方式，将给企业发展带来一定的伤害。
- 承包制的原理是让承包者无限接近于"花自己的钱，办自己的事"。
- 承包制的落实不可能一蹴而就，存在大量的细节问题，是一个不断修正的过程。

提问：我们企业推行了一些降本增效的制度和方案，有一些效果，但是想寻找一个彻底的解决办法，下一步计划将车间承包出去，您认为这种做法能彻底实现降本增效吗？如果要推行承包制，有什么需要特别注意的事项？

答：这个提问有一定深度，相信一部分企业为综合降本增效动了不少脑筋才计划尝试承包的方式。承包是一把非常锋利的双刃剑，操作得当，皆大欢喜；操作不当，后果严重。

笔者以三家企业案例来说明承包对降本增效的作用和承包的条件、时机等一系列问题。

案例 17

企业实际控制力不足　车间承包未到时机

2020年，A企业启动了成本咨询项目。在调研时，企业明确提出需要立即推行车间承包实现企业降本增效的需求。在实地调研完企业的组织架构、管理流程、管理制度、数据化程度、职业化程度、企业文化等现状后，笔者对马上推行车间承包这项任务提出了异议，认为承包的时机还远不成熟，因为公司整体控制力不够，组织架构有待调整，主要流程制度需要建设，公司对各车间的生产指令、生产进度、物料进度、物料使用、产量、工时、各种补贴等缺乏准确统计和细化管理。即使一定要推行承包制，至少需要三个月时间将上述问题的基本面理顺、使之受控，最佳实施时间至少是六个月以后，届时再根据实际的控制力和各项数据来决定是否实施车间承包制。

在阐述以上观点的同时，笔者给企业方总经理讲述了两家企业曾经实施承包的案例。

案例 18

车间管理缺主导　承包顺畅成本降

B企业是一家生产机械设备的公司，工厂有加工、喷涂、电工、装配等车间。2008年初，在企业年销售额超过3000万元时，企业和笔者开始了咨询项目合作。

项目组陆续帮助企业建立了科学有效的组织架构、各项流程制度、各种表单数据等。在各项工作顺利推进并向车间各班组延伸时，却在喷涂车间遇到了困难。喷涂车间有喷砂、打磨、喷底漆、喷面漆等工序，企业配备了先进设备和较为完整的防护装置，工序并不复杂，只有个别工位需要一定的技术。但车间有工件体积大、重量大，以及噪音大、粉尘多、气味重等特征，导致很少有年轻员工愿意加入这个车间。

当时计划部已经成立并开始发挥作用，计划部下达的生产计划，其他车间都可以在计划时间内完成，但喷涂车间由于无人主导车间管理，经常完不成生产计划，最终导致整台机械设备屡屡延期交货。为了解决这一问题，需选拔一位喷涂车间组长。其他车间都是以民主选举为主、公司领导决定为辅的方式选择车间组长，但由于喷涂车间仅有的12位员工普遍文化程度不高，不愿讲话，也无人毛遂自荐，在生产副总多次鼓励他们踊跃参加选举的情况下，最终以半命令式的方式任命了一位李组长作为喷涂车间负责人。

李组长刚开始有一定的冲劲，生产计划达成率也随之上升。随着计划部管理功能的提升，各车间要求执行工单结案，车间负责人需统计并核对工时、产量、物料等数据。生产副总开始要求各车间每天召开班前会、每周召开生产例会。李组长明显感觉到自己在车间管理特别是在管人和管数据方面很吃力，多次向生产副总提出不再担任车间组长、要求做回普通员工的请求，喷涂车间产量也出现了波动，生产计划重现完不成的现象。

经生产副总、企业老板、咨询老师商议，认为李组长做事没有问题，但在人员管理、口头与书面表达、数据统计、学习力方面存在一定差距，需要有协助他完成车间的管理工作。老板表示，多年来喷涂车间管理一直存在松散、拖拉、出勤不足、人员流失多的现象。长期来看，喷涂车间的问题解决不好，必然影响企业进一步壮大。对此，笔者提出了喷涂车间承包的建议。生产副总、老板一致认为可以尝试，表示内部之前讨论过这个思路，如果承包成功实施，可以解决长期存在的问题。

接下来承包人选成为一个新的议题，现有的李组长显然不能独当一面，更谈不上车间承包。后来，经过多次商议，选择了一位为企业供应油漆、有意愿承包喷涂车间、与老板有亲戚关系又比较年轻的刘先生作为喷涂车间主承包人兼任车间主任，刘组长作为喷涂车间副承包人兼任车间组长。从此，喷涂车间走上了承包管理的道路。

经综合测算，喷涂车间承包后人工成本下降约30%，材料成本下降约10%，合格率达到98%以上，计划达成率达到95%以上，达到并部分超出了车间管理的阶段性平均指标。

该企业与笔者有长期咨询合作，随着企业规模不断壮大，年销售额陆续突破6000万元、1亿元、2亿元，喷涂车间始终处于承包状态，除了常规的硬件增加和车间面积扩大外，没有给企业的发展扯后腿。唯一的问题就是协调生产进度时，经常要找到承包人，因为车间人员有时协调不了或者协调后行动不及时，或者有品质问题时，问题处理得不够及时，需要承包人出面解决。

也许有人会问，既然承包效果这么明显，为什么这家企业没有将承包制扩展到所有车间呢？答案就在案例19中。

案例19

车间承包一片大好　企业矛盾冲突缩小

C企业是一家成立了20多年、以出口为主的企业，人员规模超过1000人，以技术工人为主。

2015年，笔者参与了C企业的调研，在拿到企业人员花名册时，非常诧异。因为花名册里列出的主管、经理们，竟然大部分工龄少于3年，大多数是最近两年招聘入职，仅有三位超过5年工龄，这是明显的异常现象。慎重起见，笔者向人力资源部经理再三确认，证实了这一实际情况。至于原因，管理人员大多闪烁其词，表示不太清楚。在访谈企业创始人时，项目组提出了这个疑惑，创始人苦笑着说明了原因。三年前，企业的外贸订单暴增，各车间超负荷运转，企业老板为了解决产能问题，以及一些浪费、品质问题，推行了车间承包制。

承包人选主要以企业早期创业老员工和技术骨干为主，每个车间都指定承包人，大部分车间以集体承包的方式承包了出去，公司为此举行了隆重的承包签约仪式。由于车间承包能大幅度提高收入，各车间承包人及车间骨干尽心尽力发挥作用，增加的订单很快被消化，浪费、品质等问题也有所减少,降本增效的效果初显。截至当年年底,企业老板兑现了承包人的奖金,绝大部分承包人和骨干人员的收入都增加了数倍,不少人开始买房买车,准备来年大干一场。不少高管竖起大拇指说:"不管什么效率问题、品质问题、成本问题,一(承)包就灵……"

承包的第二年,订单仍在增加,承包人和骨干员工年终的收入再次增加,双方皆大欢喜。

承包的第三年,由于贸易战等各种因素叠加,国外主要客户的订单减少到三年前订单总量的50%以下。这时,员工收入减少,要求企业给予保底工资,否则辞职。老板得知消息后,要求承包人和参与承包的骨干人员,从前两年的承包奖金中拿出来一部分给予员工发放保底工资。而参与承包的人员纷纷表示,他们也要同员工一样由企业负责保底工资,否则他们不再承包。

老板为此大发雷霆,批评了几位主要承包人,之后通知财务扣发了他们的大部分工资,用于发放员工保底工资。车间人员开始集体罢工,双方出现了僵持,企业日常生产停顿,主要承包人与老板几轮谈判无果后,带着一部分承包骨干离开了这家企业。

经历这次重大事件后,企业规模缩减到不足300人,日常运作处于几乎瘫痪状态,经过长达三年多的安抚、招聘、培训等工作,企业逐步恢复了三年前的产能和规模。

笔者还列举了与A企业同行业的某大型企业案例,该大型企业即使有详尽的成本数据,也只是推行了绩效考核。

A企业总经理在听完这些承包案例后，表示自己车间承包的目的是降本增效。企业的订单不稳定，在控制力方面也有所欠缺，不一定要走承包这条路，如果有别的方式可以达到目的也能接受。

在A企业，笔者主导在项目前期推出了调整组织架构、明确部门职能、选拔管理人员、设计企业整体薪酬和整体绩效考核等方式，以提升企业控制力。在项目中期，推出了全员合理化建议、拓展销售渠道、打造样板车间（以建立作业标准、成本数据为主）、降低采购成本、辅料以旧换新、各班组降本增效评比、成本数据行业对标等一系列降本增效活动，对参与活动有成果的人员和团队给予表彰。在项目后期，以继续推进中期活动为基础，推出全员节能降耗、各车间一线员工薪酬细则、优化各车间班组长和主任薪酬、改善工艺、技术攻关等活动。最终，A企业在没有实施承包制的情况下，达到了降本增效目标，实现了预期利润。

上述案例中可以得出以下启示：

- ❖ 承包制是降本增效的有效措施，但是未必承包都能实现降本增效。承包需要大量的条件，如各项成本数据、合适的承包人、承包人的权责利对等。
- ❖ 承包制的必备前提是组织的集权程度高、企业整体高度受控。如果组织集权程度不够却盲目分权承包，会导致组织失去控制，失去团队协作能力。即使实施了承包制，企业需保留人员任免权、薪资核定权、生产指令权、品质验收权等权限。
- ❖ 如果推行承包制，可以先从小范围开始试运行，如从某一个工序或某一个车间开始。
- ❖ 承包制必须考虑极端问题和极端状态的处理办法，如订单不足时双方利益如何兼顾、安全事故出现时如何处理、劳动纠纷如何处理等。

承包制的原理类似诺贝尔经济学奖获得者弗里德曼提出的"花钱矩阵",如图1所示。

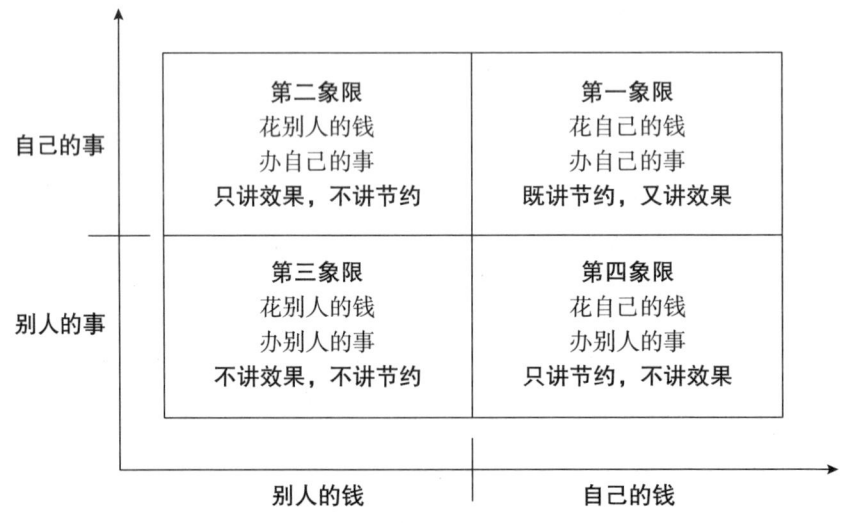

	别人的钱	自己的钱
自己的事	第二象限 花别人的钱 办自己的事 只讲效果,不讲节约	第一象限 花自己的钱 办自己的事 既讲节约,又讲效果
别人的事	第三象限 花别人的钱 办别人的事 不讲效果,不讲节约	第四象限 花自己的钱 办别人的事 只讲节约,不讲效果

图1 弗里德曼提出的花钱矩阵

承包制将各类事务通过机制、外力,使其无限接近于第一象限,用最优的成本产生最好的收益,不失去控制又能让多方满意。以上这些是承包制的一些决策性考虑,具体落实还有大量的细节问题需要考虑和界定,将有限度的承包制彻底落地,是一个不断修正的过程,不是一件容易的事情。

二、成本倒推的降本模式需要什么条件?

本节降本增效切入点

- 成本倒推作为一种较好的降本模式,有值得肯定、学习的地方。
- 企业运行成本倒推模式,需有详细的成本数据做基础,同时有强大的核算能力。

- 成本倒推模式适合大规模、批量化、长期生产的企业。
- 推动成本倒推模式，企业领导者需有强大的改革魄力。
- 成本倒推模式下的管理对象高度稳定，在接受巨大收入差异的同时，仍能想尽一切办法解决问题。
- 成本倒推模式需企业上下都有高度的凝聚力、荣誉感、执行力。
- 不论是哪一种工具、方法、模式，只要企业敢于面对利益和博弈，敢于持续地较真、认真、动真格，都能产生效果。

提问：都说成本倒推模式是一种效果较好的降本模式，这种模式对于我们中小企业是否适用？如果在企业推行这种模式，需要注意什么？

答：成本倒推模式的代表企业是鞍钢，二十世纪九十年代，鞍钢以"模拟市场核算，实行成本否决"的形式，实现了大规模降本，当时众多企业争相学习。

迄今为止，成本倒推作为一种较好的降本模式，仍有值得肯定、学习的地方。但推行这种模式需要具备一定的条件，企业人员如果不能辩证地看待、理解、应用，效果可能适得其反。归纳起来，推动成本倒推模式需具备以下五个条件。

一是企业有详细的成本数据作为基础，同时拥有强大的核算能力。无论哪一种降本方法、降本模式，都需依据企业详细的成本数据进行判断、分析、决策，缺乏成本数据将失去降本的基础。成本数据至少能够反映企业的总体成本状况、各细分项成本的状况和明细。如果实行成本自上而下倒推，至少需细化到各部门、各车间、各工序、各班组、个人、各产品的成本数据，同时加上这些内容的具体清单。鞍钢在实行成本倒推时，核算指标超过1000个，2.8万名员工人人有指标。

在笔者辅导过的成本水平领先的企业中，多数企业有强大的财务统计能力和成本核算能力。以某大型企业为例，无论是新产品报价，还是现有产品中某一项具体成本或费用数据，财务人员都能在半小时内准确提供出来。

二是大规模、批量化、长期生产。 成本倒推模式非常适合规模化、批量化、长期生产的企业，不太适合多品种、小批量、多批次的企业。主要原因是企业各种资源有限，需统计的数据太多，需推动的降本点也太多，最终会影响降本效果。

三是领导者强大的改革魄力。 鞍钢实施成本倒推无疑是一场改革，它呈现的不仅是对各种产品的成本倒推现象，还有背后折射的大范围资源调整、权益再分配、人事变更。更重要的这是一场激进式改革，涉及层面广、人数众多，有一定的潜在风险，特别是当成本倒推与利益发生矛盾时，需要领导者坚持，有魄力和定力来保证改革的推行。

四是管理对象高度稳定，在接受巨大收入差异的同时，仍能想尽一切办法解决问题。 鞍钢实施成本倒推过程中，多次降免干部，这不是一般的中小企业人员能接受的处理方式和待遇，这与鞍钢当时的机制带给员工的高度稳定性分不开。如果中小企业计划实施激进式变革，不管是否选择成本倒推模式，都需对管理对象的负面反应有清醒的考虑和预判，并适当储备一定的人才。

五是企业上下高度的凝聚力、荣誉感、执行力。 与中小企业不同，笔者曾辅导过几家国企转制后的企业，这些企业的凝聚力普遍超过一般企业，员工不仅工作上有交集，生活中也有往来，不少同事之间有着深厚的情谊。这些企业的员工有较强荣誉感，愿意为集体、团队有所付出，能坦然接受工作岗位和待遇的调整。当领导层决定执行事项后，他们通常在执行方面不打折扣，主动学习知识，深入钻研问题，不断试验和验证，想出各种办法主动完成任务。

以上分析了成本倒推模式推行的条件，有些方面需注意与企业现状的不同。随着时代进步和管理对象的变化，大部分企业都能做到以市场为导向，尽管现在有了大量的管理模式、方法、工具，如系统的目标管理模式、从前向后推的目标成本法、行业对标分析，以及各种ISO体系、ERP系统、绩效考核、阿米巴等。但这种成本倒推模式仍有值得我们学习的地方，如企业内部的市场化导向、精细化的降本意识和核算数据，层层倒推出成本目标、全员参与降本的行动和由此产生的成本文化、改革者推行降本的力度、企业持续降本挖潜等。

其实，无论运用哪一种工具、方法、模式解决降本增效或其他问题，无论推行激进式变革还是渐进式变革，只要企业立足现状，采用正确的策略和思路，敢于面对利益和博弈，敢于持续地较真、认真，就能产生效果。

三、同样的攻关降本法为什么实际操作的效果不同？

本节降本增效切入点

- 攻关降本主导人员的认知深度不同，每家企业的实际情况不同，都会导致实际操作的效果不同。
- 攻关成本的前提是尊重专业、尊重规律、尊重人性。
- 攻关不是万能的，攻关目标一开始不宜设定过高。
- 攻关就是花钱要结果；做好攻关方案，坐等好结果；攻关达到目标，给予奖励后不再过问。这些做法都是攻关的误区，需主导人在推行攻关活动时警惕。
- 对攻关结果进行标准化，纳入正常的管理范围，形成改善动作的持续闭循环。

提问：攻关降本法是一种通用性强的降本增效方法，实践中每次操作的感受和效果都有较大差异，是什么原因造成的？操作中有哪些误区？

答：攻关适用于企业各个方面的降本增效，如市场开拓、渠道开发、品质改善、生产效率提升、技术提升、工艺改善等，如果操作得当，每一次应用都能取得一定效果。

笔者最早是在2008年开始尝试攻关的做法，2009年在企业和咨询项目上进行深入实践、推广，这是一个试错、摸索、改进的过程，最后取得了一些成效，在降本增效应用方面也取得了良好效果。

如果同样用攻关降本法来解决问题，实际操作的效果可能不同。经过对多个攻关实例的详细分析，笔者认为主要原因在于以下几点。

一是对攻关降本的认知深度不同，导致实际操作的效果不同。片面化的认知会将这种方法的功能无限放大。如有的企业攻关前后缺少准确的数据支撑、对数据的准确定义、对数据的及时统计；有的企业对攻关问题的困难预见不足；有的企业现在要求攻关有结果却希望在年底就兑现奖励；有的企业对攻关问题的界定模糊不清；有的企业对攻关的资源了解不够、准备不足等。总之，为了攻关而攻关，匆忙执行导致攻关效果不明显。

二是每家企业的实际情况不同，企业文化不同、人员的职业化程度不同、人员配合度和执行力不同，这些差异会导致实际操作的效果不同。有的企业推崇奖励，有的企业不认可奖励，固执地认为这些问题是工作职责范围内要解决的事情，不应该被奖励；有的企业和管理人员能够100%兑现书面承诺，而有的企业不兑现；有的企业提供思路管理人员即可执行出效果，而有的企业给出方案、不停督促也仅仅执行了一小部分。这些都会产生攻关效果上的差异。

三是主导企业攻关降本的人员是用固定的模式生搬硬套，还是因地、因时、因人处理问题，也会导致实际操作的效果差异。 比如，有些管理咨询师坚定地认为，去企业一定要推攻关方法才能解决问题，不推攻关的老师一定有问题，不是好老师，这是一种典型的主观执念。

其实，在看到攻关降本法力挽狂澜的同时，笔者也对这种方法进行了反思，"泼一泼冷水"，使大家更清醒地认识到攻关降本法在实操中的一些误区，避免攻关效果不佳或攻关失败。

第一个误区是认为攻关是万能的，每次都会成功。 攻关可以和成本、效率、品质、技术等结合，用起来像"万金油"，哪里不舒服抹哪里，看起来多少能取得一定成效。尽管如此，笔者认为攻关并不是万能的，它应该遵循事物发展的规律、企业发展的规律，并不是每一次都会成功。

案例20

不尊重专业和规律，攻关失败

2008年，笔者主导一家机械设备企业的咨询项目，成立了为期一个月的物料编码攻关小组。由于缺乏技术力量参与，仅凭车间管理人员、仓管人员、采购人员高昂的斗志和满腔热情，物料编码模块始终达不到企业管理的要求。

> 经过一个多月加班加点的努力，笔者宣告了这项攻关任务失败。任务暂停后，一直到年底工程部技术力量得到补充，由机械工程师主导推动，这项任务才得以顺利完成。
>
> 这次攻关失败的症结是不尊重专业、不尊重规律。攻关失败不可怕，总结失败的教训和成功的经验，持续改善才能成功。

还有一些攻关活动同样值得深思，前3次攻关均失败，第4次或第5次成功了，前提还是尊重专业、尊重规律、尊重人性。

第二个误区是攻关目标设定过高。有些企业领导为了展示魄力，会将攻关目标设得特别高，比如企业原材料仓库的账物卡准确率目前只有50%的水平，要求一个月攻关后达到100%，有的企业完全可以做到，因为他们的原材料体积大，包装也较规范；但有的企业原材料体积比较小，且有位置、空间等因素约束，一个月后只能做到90%，这时大家易产生挫败感，从数据看，大家认为攻关是没有效果的。这时，领导应该肯定大家的阶段性成绩，对阶段目标的达成进行奖励。主导人在目标设定时就应该考虑这些因素，评估设计阶段性目标和最终目标，分别设置不同的奖励方案。下面的品质改善案例希望可以给读者启发。

案例 21

> **品质改善陷入僵局　阶段提升破局解疑**
>
> 笔者辅导过由其他咨询团队辅导中止的某企业品质改善的二次项目，该企业人员关系错综复杂，原组织架构中的品管部被合并至生产

部门。调研时发现，企业在责任追究和管理上出了问题，陷入了不追究责任企业受损、过度追究人员失去工作积极性、只能追究到中高层管理人员、责任不能完全穿透到生产一线。

笔者调研时产品的总报废率为4.51%，在上一年度中，曾有4个月报废率连续超过10%。经过双方五个月的共同努力，报废率分别为3.80%、3.41%、3.78%、3.33%、3.42%。

企业老板认为品质改善效果不明显，对项目效果提出了质疑。对于多年咨询过程中仅有的项目效果质疑，笔者参与了这个问题的讨论。笔者询问老板的目标报废率、企业是否达到目标报废率，以及其他哪家企业达到了目标报废率，老板回复他的目标报废率在3‰以内，有企业达到目标报废率。笔者告诉老板那家企业有咨询同行辅导过，它的报废率目标为3%，绩效考核目标也是3%，实际报废率在2%-3%之间。老板认为行业目标值既然是3%，目前的3.42%也没达到目标。对此，笔者提出了在品质改善辅导中的看法。

首先，报废率数据离行业目标有差距，且有一部分改善方案根据企业实际接受程度并没有完全推行落地，如果接下来方案推行到位，3%以内的报废率可以达到，老板有些过于着急。

其次，衡量品质管理是否好转不能只关注报废率的变化，如客诉次数从原来的120次/月降低到现在的38次/月，退货数量同比降低了43.09%；品管部重新成立，职能开始发挥，品质数据统计完善；原有的多重僵局全部打破，中层和基层的品质改善意识显著提高，管理人员的品质责任落实并开始考核，生产一线责任人责任落实等，这些内容都与品质提升息息相关。

> 最后，改善工作类似学习，原来处于不及格水平，努力一下很容易提升至及格甚至80分，这个难度不算大。但是从80分到90分、从90分到95分、从95分到100分，这些难度逐级增大，很有可能分数提升了又降下来，并且降下来后比原来还差；再努力分数提升上去又降下来，降下来的分数比原来高了。它是循环渐进式提升，对于这些变化需要正确地认知。
>
> 老板表示认同这些规律并愿意投入更多精力参与品质改善，到第六个月底，这家企业的报废率统计值为2.61%，超过了目标值。

其实，攻关的阶段性目标和最终目标，都是努力后的心理预期。

第三个误区攻关就是花钱要结果。这种观点认为，攻关就是如何定目标、如何奖罚的问题，就是花钱要结果。不是所有的事情花钱就能解决，更不是所有的事情花钱就会有好结果，比如企业文化、监管、风险等。

攻关的结果建立在改善动作和执行上，有准确的改善动作才可能有改善结果，并且确保这些动作不折不扣执行才会有好结果。攻关结果是果，奖罚也是果，动作和执行都是因，只有在因上努力，才可能得到好结果。

第四个误区是做好攻关方案，坐等好结果。这也是一些管理人员容易进入的误区，确定好攻关目标、攻关动作、奖罚规则，最终形成方案；攻关活动参与人员一起签字，主导人员不管不问，到截止时间后，期待着好结果出现。事实上，攻关动作需要监督执行，并根据实际不断总结、调整，否则难以有好结果。

第五个误区是攻关达到目标，奖励后不再过问。这也是企业里经常出现的情况，无论是管理咨询师还是企业管理人员，一旦主导的攻关降本成功了、达到要求了、成本降低了，就不再管了。这时还有一件重要的事，就是将攻关相关的内容纳入各种规范和标准里，比如经验证有效的攻关动作加入操作指引或作业指导书，攻关内容并入流程、制度、表单，或是列入绩效管理。攻关的结果最终需标准化，纳入正常的管理轨道，使这些改善动作持续闭循环，这样的企业管理才能长久。

拆开看"攻"和"关"二字，做到"攻"只是暂时达到了目标，"关"体现在攻关主导人将问题标准化，解决了问题还需预防问题的再次发生。能解决问题的人只是能手，能预防问题的人才是高手。

四、技术力量薄弱缺少数据怎么办？

本节降本增效切入点

- 凭经验解决问题，背后隐藏着无数看不见的成本。
- 大量的中小企业现状——非标准化是常态，常规思维难以解决降本增效问题。
- "双轨制""双轨制改错法"，是用于解决非标准态企业问题的实战方法。
- 在不确定中寻找确定，在非标准态中建立标准，在乱象中看到矛盾本质，在找到本质后果断行动，在看似混乱状态中取胜。

提问：我是新入职的财务经理，公司近期让财务部主导降本增效，但我发现公司技术力量非常薄弱，大部分产品竟然没有BOM（Bill of Material

物料清单），现有的一部分BOM准确率约70%，产品都没有制定标准工时，技术部门人手有限，没有时间处理这些问题，目前公司也不同意增加技术人员来处理这些数据，降本增效工作一开始就遇到了瓶颈，下一步怎么办？

答：这两种现象在管理规范的企业只是以个案出现，在一些管理不太规范的企业却是常见现象，没有BOM、BOM准确率低、标准工时欠缺，不仅影响效率，也影响总成本。

BOM是企业的关键技术资料，物料需求计划、物料领用、报价、成本核算等工作一般均需应用，是企业不可缺少的基础性生产资料。BOM不准确会使物料需求计划不准确，形成未知的欠料，可能导致生产停线、仓库库存量增加，影响产品交货和库存总金额，给企业造成不必要的经济损失。

有人会产生疑问，如果企业的产品没有BOM，先不考虑成本核算，企业依据什么给客户报价？依据什么来运作物料采购、领发料这些具体事务？

这是典型的标准化思维者的思考和提问。可是，大量的中小企业现状——非标准化是常态，如果用过往的思维和管理方法解决问题，通常难以奏效。正如一位管理者学习了完整的物料需求计划理论，到企业实际操作却发现没有BOM、各个仓库的库存数据都不准确、物料损耗率没有统计、采购周期数据不全，甚至没有规范的生产计划。物料需求计划的完美模型被企业现实所打败，会让管理者感觉无从下手。

这的确是一件奇怪的事情，没有BOM可以报价，可以计算出欠料，可以领料，BOM不准最终产品也能出货。这些问题的答案是什么呢？答案是凭经验！大量的中小企业凭经验解决上面的问题，只是问题被解决的背后充满了各种异常，以及无数看不见的成本，如欠料的等待、领料的争执、生产的停产、呆滞料的产生、仓库面积的扩大、物料损耗的增加、交货的延迟等，这些问题反复发生，伴随着异常反复出现。

如何有效解决没有BOM和BOM不准确的问题呢？下面的案例希望能给读者启发。

案例22

降本增效从完善BOM入手

H公司是一家专业生产电动工具的民营企业，年销售额超过2亿元，员工超过400人。为了降本增效，提升企业竞争力，2017年8月，H公司启动了经营变革咨询项目。

笔者在H公司调研中发现，技术部仅有工程师5人，且忙于应对日常工作。虽然企业已经运行了ERP系统，但是作为供应链整体运作基础的资料却残缺不全，ERP系统里的BOM不完整。80%的产品BOM只有通用物料，没有专用物料；20%的产品有完整BOM，但不准确；5个仓库中，2个未建立进销存台账，另外3个的账物卡与ERP记录数据对比的准确率低于70%。

仓管员、各车间物料员每天忙于查找各种物料，经常出现需要的物料没有、不需要的物料成堆、与采购员发生争吵等现象，有时物料采购回来了但找不到，还需发动全厂人员找物料；每天总装车间欠料不断，导致各装配线随时停工放假。据不完整统计，每月总装车间因欠料问题放假多达8–10天。总装车间负责人坦言，如果没有欠料，不需要增加任何资源，总装产能可以比现在提升20%。

面对这种状况，笔者针对物料管理制定了两条改善主线，一是各仓库账物卡准确率的提升，二是所有产品BOM的完善，这里重点说明完善BOM的做法。

- 召开BOM工作协调会，总经理、PMC经理、生产经理、技术部全体成员、物料员、所有仓管员参会。会上说明BOM的作用和重要性，指出现存的异常问题与BOM之间的底层逻辑关系，并对下一步BOM的完善做出明确分工。
- 新产品的BOM由技术部责任工程师在ERP系统建立，技术部经理审核后生效。
- 如新产品的BOM在实际运行中发现错误，由发现人在领发料单据上做出修改，经责任工程师签名确认属实，每次奖励发现人10元/处，责任工程师签字后立即在ERP系统修正错误。
- 由PMC部统计新产品BOM的出错次数，由责任工程师每月进行排名。
- 如原有产品有完整BOM但不准确，在实际运行中发现错误，由发现人在相关单据上做出修改，经责任工程师签名确认属实，每次奖励发现人10元/处。
- 原有产品没有完整BOM，由PMC部主导成立由仓管员和物料员组成的BOM修正小组。
- 根据实际工作量评估，BOM修正限期为三个月，参与BOM修正小组的成员，由公司给予补贴3000元/人/月，所有成员除正常加班支付加班费外，额外抽出时间完成此项任务不再另外计算加班费。
- BOM修正小组完成的所有BOM由技术部负责审核后再修订，修订后由技术部将所有BOM重新导入ERP系统。

> ❖ 对所有产品BOM，如发现错误，经技术部责任工程师签名确认属实，每发现一处奖励10元，由责任工程师签字后立即在ERP系统修正错误。
> ❖ PMC部每月统计所有产品BOM出错次数，列出责任部门及责任人，并在全厂公示。
>
> 经过两个多月的努力，产品BOM全部建立完成。BOM的出错次数降低至9次/月。这次BOM的修正、完善工作，为供应链系统减少欠料、提升效率做出较好的铺垫，也为后续的物料损耗、订单结算、规范报价、核算成本、降本增效打下了坚实的基础。

这种边运行边修改、在过程中修正错误的做法，称之为"双轨制""双轨制改错法"，也是一种用于解决非标准态企业问题的实战方法。它适用于不准确技术资料的修正，如BOM、图纸、工艺标准、操作标准、包装方式等；也适用于品质资料改善，如检验基准的修正；还适用于品质改善，如某世界500强企业早在2000年，为解决来料不良影响装配效率的问题，在装配流水线设置"1元奖金制"，任何装配流水线员工只要发现1个物料存在不良，经拉长确认，奖励1元/次。这项制度实施后，来料质量问题大幅度下降。

那么，标准工时也可以用"双轨制纠错法"吗？标准工时的完善，在道理上类似，实际操作略有不同，标准工时涉及产能核算、生产计划制定、工资核算等工作，它有两种操作方式。

一是如果企业从长远考虑，除了标准工时的统计，还考虑到后续的持续改善，建议招聘IE（Industrial Engineer）工程师来测算、统计标准工时。

可以先从正在生产、批量较大的产品开始分工序测算，之后扩大到所有正在生产的产品，最后完成全部产品标准工时统计。

二是由生产部提供正在生产中产品的产能，可以从"生产日报表"中选取中等以上的产出数据暂时作为标准工时，之后PMC部按暂定的标准工时下达生产计划，如果生产部门有异议可以相互协商，最后形成符合实际、可用于成本管理的标准工时。这种操作方式分三个阶段逐步完成，第一阶段的标准工时由生产部门牵头，PMC部只做记录和统计；第二阶段PMC部已经有了一部分标准工时的历史数据，标准工时由生产部门和PMC部协商处理；第三阶段PMC部掌握了所有产品的标准工时，由PMC部牵头。

在降本增效方面，标准工时每半年至一年需更新、检讨、调整，以保证企业综合竞争力。

以上是解决技术资料不完善、技术力量薄弱的主要思路和具体操作办法。在不确定中寻找确定，在非标准态中建立标准，在乱象中看到矛盾本质，在找到本质后果断行动，在看似混乱状态中取胜，是这代企业人要走的路。

五、遭遇竞争对手，如何降本增效？

本节降本增效切入点

- 充分运用企业自身的研发实力，为企业构建技术壁垒。
- 充分运用企业自身独特的资源优势，建立资源竞争壁垒。
- 运用各种经营管理方法，对成本进行优化，实现总成本水平领先。
- 运用产品组合策略，主动强化局部市场防护。

- 审视销售渠道，增加销售覆盖。
- 挖掘自身优势，拆解上市公司、竞争对手薄弱环节，抢占市场先机。
- 采用迂回战术，开发新兴领域。
- 企业和竞争对手资源互补，双方开展一定的合作。

提问：我们属于中型企业，原来行业内的一家主要竞争对手上市了，现在他们在市场上的报价很低，有时比我们的成本还低，我们该如何应对呢？

答：笔者注意到并在企业辅导中遇到过这种现象。近十年来，一些行业的部分头部企业陆续率先上市，通过公开发行股票的形式进入资本市场，走上了规模化、品牌化、资本化的道路，特别是有了资本加持后，对原有行业竞争对手实施降维打击，使原本激烈的市场竞争显得更加惨烈。不少企业面对这种类型的竞争对手时，明显感受到了前所未有的压力，原有的市场份额开始丢失，在竞争中显得极为被动。那么，面对强大的行业竞争对手，未上市的企业只能"且战且退""被动挨打"吗？真的没有办法竞争了吗？

答案显然是否定的！到目前为止还没有一家企业强大到不可竞争，或弱小到不能竞争。上市企业既有上市的优势，也有自己的不足；未上市的企业有自己的不足，也有自己独特的优势。正是由于企业的不同，各个行业才能百花齐放、百家争鸣。

当然，这也不是简单用SWOT模型就可以分析得出结论的话题，接下来笔者将用一些企业之间竞争的案例来探讨应对策略。

第一种策略是充分运用企业自身的研发实力，为企业构建技术壁垒。企业竞争是不可替代能力的竞争，研发能力便是企业不可替代的重要能力。以食品行业的挂面为例，该行业龙头企业上市后开始扩张，通过整合产业链形成规模优势，对全国市场打响"价格战"，一度所向披靡，占领了不少市场，迅速成为这些新市场的主导品牌。

案例 23

小企业的发明专利独占市场

湖南某市的一家本地企业有着强大的区域竞争力，该企业规模不及上市公司规模的1/10，但拥有细分市场某产品的发明专利。该产品风味独特、历史悠久，深受当地人民喜爱，在当地一直有着良好口碑，这种感受和情怀是上市公司无法替代的，上市公司只能冲击当地部分市场，但无法动摇并占领当地企业细分市场的主导地位。

第二种策略是充分运用企业自身独特的资源优势，建立资源竞争壁垒。 以水泥建材行业为例，该行业产品运输半径一般为200公里，行业内某头部企业上市后大举扩产，在全国主要经济带分别建立生产基地，对国内已建立生产基地的水泥制品企业造成严重冲击。下面案例是非上市企业的应对之策。

案例 24

主动排查资源　建立竞争壁垒

行业内某企业在面临这种竞争局面时，主动排查自己的各种资源优势，如地域资源、技术资源、人脉资源、工程案例、品牌资源、历

> 史资源等，运用"小王法则"（在一定的空间里占主导），从空间出发，建立网格化营销据点，精细化管理市场占有率，将局部市场份额做成一条线，再结合企业在当地独特的资源优势，分别将不同资源进行不同组合，实现"面"和"体"的结合，加上网络营销的推动，构建起一张线下和线上强大的营销网。在行业上市竞争对手的激烈竞争下，该企业成功守住了原有市场，顺势巩固了现有资源，也更加清醒地认识到了企业的长处和短板，建立了一定的资源壁垒，整体也取得了较好的业绩。

第三种策略是运用各种经营管理方法，对成本进行优化，实现总成本水平领先。这一策略通常是企业应对上市公司竞争的无奈之举，据笔者了解，部分"不讲武德"的上市公司销售人员对采购方报价时，直接喊出"不管他们公司报价多少，我们公司都比他们低5%"之类的豪言壮语，更有甚者说"我们是上市公司，成本价就可以接订单，有的订单亏本也可以接，只要业绩好，股价就会上涨，价格这些都不是问题"之类的话。的确，这是一种事实上存在的碾压式竞争。

为了适应此类竞争，未上市企业可以通过堵住漏洞、细化内部运营、对内部挖潜、减少材料成本和人工成本、降低各种费用等方式，实现总成本水平领先，从而赢得订单和市场，具体方法可参考笔者的第一本书《制造业成本倍减42法》，企业可以借这种竞争态势强化总成本管理，降低企业的总成本。

针对此类竞争态势需冷静分析，即使是上市公司，"不讲武德"的竞争方式只是针对某一份订单、某一次招投标、某一块市场的临时措施，也是上市公司打压竞争对手气势的一种手段，不可能一直存在。非上市企业如果坚持下去并继续胶着，后退的不一定是自己的企业。

上市公司如果经常"不讲武德"，销售人员的考核数据不会好看，企业的财务报表未必会好看，股票市场上也未必有人买账。从另一个层面看，每次上市公司这样操作，会伤害企业间的正当盈利，动摇行业根本利益，招来下一轮更为激烈的竞争甚至是全行业竞争对手的"群起而攻之"。上市公司由企业组成，不可能每件事情、每个环节都不出错，当上市公司出现问题时，这些问题会被竞争对手无限放大，从而影响其经营业绩；当上市公司出现非行业性企业负面危机事件时，行业竞争对手将从中收益，夺回市场和正当利益。毕竟"猛虎难敌群狼"！

第四种策略是运用产品组合策略，主动强化局部市场防护。比如在产品投标中运用"田忌赛马"战术，在A产品上主动输给对方，在B产品和C产品上赢过对方，或者通过产品整体打包报价拼交付、整体打包报价拼总得分、用单一产品找价格间隙等方式去竞争。在战略规划上，找到局部市场的拳头产品，主动做好市场防护，通过主动适度降价、建立产品标准、建立行业标准、与同行建立区域联盟等方式构建自己的防护墙。

第五种策略是审视销售渠道，增加销售覆盖。审视本公司销售渠道的广度和深度，盘活存量市场潜力，积极获取公域流量，扩大私域流量，形成更多的增量市场；检视竞争对手疏忽或防守薄弱的非主要销售渠道，详细论证后择机迅速进入渠道。

第六种策略是挖掘自身优势，拆解上市公司竞争对手薄弱环节，抢占市场先机。如速度方面，上市公司类似一艘大船，遇到重大变化难以快速决策，中小企业可以发挥"船小好掉头"、没有过多牵制的决策优势，更易实现一部分客户的快节奏需求，如更短的样品交付交期，更快的小批量、多品种、多批次产品交付等，从而在市场上抢得先机。

第七种策略是采用迂回战术，开发新兴领域。在与上市公司正面竞争失利时，不妨使用迂回式游击战术，在迂回中消耗竞争对手的实力，找到市场机会和适合企业发展的新领域。

案例 25

游击式迂回占领新领域

某机械设备企业遭遇行业某上市公司的竞争，在产品高度类同、技术壁垒不强、成本没有优势的情况下，企业采用了迂回战术。

对手进攻华南市场，该企业就去华东市场；对手进攻华北市场，该企业就去华中市场；对手进攻华中市场，该企业又回到华南市场。

企业在长达三年的竞争中，承受着压力巨大、持续微盈利、咬牙坚持的同时，不停地寻找新的发展领域。一次偶然机会，企业参与了一个新兴领域客户的需求合作，这次合作仅需对现在机器设备进行局部技术改造。双方合作发现改造后的机器设备非常适用新兴领域，解决了该领域的不少难题。这家企业迅速从新兴领域切入，建立了多个竞争壁垒并占据主导地位，摆脱了过往的不利竞争。

第八种策略是企业和上市公司互补，双方开展一定的合作。对于有信誉的上市公司，企业可以有条件地局部开放合作，如有富余产能可以为上市公司产品提供贴牌代工，成为上市公司的制造中心之一。当然，随着与上市公司合作的深入，有可能会被并购。

第九种策略是随波逐流，等待破产。这是最不可取的下下策。

上述策略，一部分是企业原本应该要做的事情，一部分是竞争压力下所产生的动力。这种竞争状态对一些缺乏竞争资源和竞争壁垒的企业来说，是一次又一次的生存之战，是企业经营过程中的重大危机！其实，思想不改变才是企业最大的危机！企业只有积极主动应对，才有可能化险为夷。

第四章

不同类型企业的降本增效方法

第四章 不同类型企业的降本增效方法

一、配件型（流程型）企业降本增效关注的重点有哪些？

本节降本增效切入点

- 配件型企业降本增效关注的第一个重点是生产设备的选择。
- 配件型企业降本增效关注的第二个重点是原材料的来源和质量。
- 配件型企业降本增效关注的第三个重点是模具的全流程管理。
- 配件型企业降本增效关注的第四个重点是原材料的使用管理。
- 配件型企业降本增效关注的第五个重点是人工成本的合理控制。
- 配件型企业降本增效关注的第六个重点是工艺和工艺改善。
- 配件型企业降本增效关注的第七个重点是各种费用的合理控制。
- 配件型企业降本增效关注的第八个重点是技术人员的积极性。
- 配件型企业降本增效关注的第九个重点是产品的品质状况。
- 配件型企业降本增效关注的第十个重点是产品生产周期和订单准交率。

提问：我们公司是生产配件的企业，主要生产五金和塑胶配件，有一定数量的注塑机和压铸机，在降本增效中应关注哪些重点？

答：从生产管理的角度来看，生产零配件的企业是流程型企业，有多品种、小批量、多批次的特点；从经营的角度，多数配件企业没有自己的品牌，缺乏市场定价权，行业竞争激烈，成本对配件型企业的生存发展影响巨大。

当配件型企业的市场大规模洗牌来临时，先倒下的通常是没有成本优势的企业。接下来笔者从成本角度阐述配件型企业的关注重点。

降本增效关注的第一个重点是生产设备的选择。它们对配件的生产过程影响较大，且后期难以自行更改，在选择时应慎之又慎。从成本角度来看，生产设备不应只选择价格最优的，设备的产出效率、产出合格率、精度、稳定性、功耗、标准部件品牌、行业适用性、企业适用性、耐用性、售后服务等都应进行详细评估。关于设备个性化改造助力企业降本增效的内容，可参考笔者的第一本书《制造业成本倍减42法》第7法"设备改造法——设备改造降低成本"。

关于设备的价格与稳定性、精度的比较处理起来有难度，如甲乙两种国产设备，外观相似，功能和精度相同，甲设备采用焊接机架作为底座，售价为10万元；乙设备采用铸造机架作为底座，售价为12万元。表面上甲、乙两台设备相差无几，但由于机架生产构造的不同，5年后，甲设备的稳定性变差、精度降低、维修保养成本增加、效率降低、合格率降低，而乙设备稳定性更佳、精度不变、维修保养成、本不变，效率和合格率不变。因此，选择乙设备显然更合适，毕竟购买设备是一项长期投资，不能只看短期效益。设备间接地决定了后续的大量工作，一旦确定，更改不易，必须慎重！

在生产过程中，对生产设备进行必要的保养和及时的维修，对提升效率和品质有帮助，也有助于成本的降低。

降本增效关注的第二个重点是原材料的来源和质量。在配件型企业中，原材料成本在总成本中所占比例虽然不如装配型企业高，但也不容小觑。

企业总期望用最低的价格买到最好的材料，毕竟"买不到利就卖不到利"；同时，原材料也符合价格围绕价值上下波动的"价值规律"。在这一点上，有些企业存在原材料采购的误区，给后续工作带来大量的附加成本，归纳起来有三种做法。

第一种做法是企业希望原材料价格最低又希望品质最好，如果没有企业品牌背书，也没有非常手段和大批量长期采购，这只能是美好的愿望。即使有的企业侥幸买到了这种类型原材料，也会存在各种差异、隐患、潜在风险，给后期带来大量的处理成本而不自知，因为这种做法不符合规律。

第二种做法是用合适的价格买到合适的原材料，这种做法交易成本低，综合成本也最低，更符合现实，也容易达成，

第三种做法是用较低或最低的价格买到较差或最差的原材料，这种做法看似"买到了利"，却给生产效率、工艺管理、品质管理、售后管理、客户感受带来了大量成本和风险。有的企业品质状况多年未有起色，与采取这种做法有密切关系，它产生了诸如制程不良、制程返工、产品退货、产品报废、客户投诉、客户流失等一系列问题，综合成本核算并不低。

原材料是正式生产前的准备，也是第一道外来入口；原材料不仅有价格，还有各种性能、参数等，它们影响着品质和效率。

笔者与一些世界500强企业采购总监交流时，他们在新供应商准入上的观点出奇一致：看完一家企业的机器设备和原材料，就可以初步判断这家企业是不是要寻找的供应商！

降本增效关注的第三个重点是模具的全流程管理。模具被称为"工业之母"，使用模具和机器设备，在合适的条件下将产品生产出来。因此，模具直接决定了产品的效率和品质，对成本有着不可替代的作用。

模具的全流程管理至少包括：模具设计、模具制作、模具维护、模具

维修、模具保养、模具更新、模具报废等，这些过程在不同程度上影响着配件，影响着企业的降本增效成果。

案例26反映了一家企业模具与降本增效的互动。

案例26

彻底修复模具　提升效率效益

D企业是一家生产精密汽车零配件的塑胶五金工厂，2009年，笔者在推动塑胶事业部的成本改善中，发现模具对成本影响巨大。以注塑模具为例，同样的产品，设计水平较高的模具结构合理、稳定性高，而制作良好的模具可以做到产品无毛边，后续加工不用二次飞边，节省人力，品质更有保障。

该企业的模具存在堵穴现象，如某产品一套模具出4穴，前3天可以正常生产，之后发现有一穴产品不良，为了保证交货采取了堵穴的方式继续生产。经统计，塑胶事业部生产的181个模具中，有27套模具采取了堵穴生产措施，有19套模具做不到无毛边生产，且需要白夜班共16名作业员在后道工序处理飞边。这些状况都不同程度地影响着效率和品质的提升，订单准时交货率为90.4%，不能满足客户要求的交付数量和速度。

一边是模具堵穴，一边是客户不停地催交货；一边是不停找机台排产，一边是机台生产计划达不成；一边是人力紧张无人开机，一边是模具产出有毛边，需要安排大量人员处理披锋。询问注塑车间，回复是修模问题；询问修模部，回复是模具制作问题、生产使用问题、设计问题；询问制模部和模具设计部，回复是修模问题、生产使用问题。

问完有关部门，仍找不出问题实质。最终，笔者和企业方总经理经过详细分析，共同确定了针对这两种模具问题的主要对策。

- ❖ 塑胶产品100%无毛边生产是公司生产管理的政策，也是对模具设计、制作、维修的基本要求。
- ❖ 针对现存有毛边产品的模具，由修模部和制模部指定钳工主导修模，提供每套模具的修模方案，限期完成，根据难度不同给予不同的奖励。
- ❖ 新模试产如不能做无毛边生产，产品不得进入量产，并追究制模部负责人责任。
- ❖ 注塑车间现有带毛边产品模具修理完成后，总经理室收回注塑车间及仓库所有的披锋刀，且后续不再批准请购披锋刀。
- ❖ 在生产过程中，品保部确认首件发现产品毛边直接判定不良，不能继续生产。
- ❖ 未满穴生产模具由模具设计部判定责任，并将车间、修模部、制模部责任进行区分。
- ❖ 如修模部和制模部认为未满穴责任为模具设计原因，书面提交总经理判定。
- ❖ 如模具设计部、制模部、修模部共同判定无法修复达到满穴的模具，书面提交原因给总经理确定。

采取上述对策一个月后，塑胶事业部实现了全部产品无毛边、个别产品堵穴生产的良好局面。经统计，次月订单准时交货率为96.2%，节省人力16人，增加产值约39.74万元。

降本增效关注的第四个重点是原材料的使用管理。配件型企业的物料一般具有通用性强、批量较大、不易计量或不易分割等特点，因此容易出现物料挪用、单一看浪费不明显但整体核算浪费严重、不经意间造成大量浪费等现象，在潜移默化中增加了物料成本。需要管理者经常提醒车间管理人员，定期检查并通过物料浪费现象，增强一线节约用料的意识，养成节约用料习惯。

在物料管理上，有效的做法是：推行按工单领料，超耗领用另外审批，定期盘点物料，每天统计并公布每班每台机的用料情况，发现物料浪费及损耗问题及时介入处理，考核物料损耗率，奖励物料节约等。

降本增效关注的第五个重点是人工成本的合理控制。随着人员综合收入的不断提升，人工成本在配件中所占比例越来越高，成为管理者不得不去重视的一项成本。

对于一线员工而言，首先关注的是员工流失率，将一线员工流失率控制在合理范围内，有利于品质的稳定、效率的提升，间接带动成本的降低。其次是一线员工的操作动作标准化，纠正错误的操作动作，对效率和品质有直接提升作用。再次是一线员工尽可能采用计件制，这更利于提升员工积极性，也利于人工成本的合理控制。最后是对一线员工公平、公正、公开的管理机制，如有的员工经常被派工到工价高、数量多的产品加工，有的员工经常被派工到工价低、数量少的产品加工，这些都需要生产管理人员正确秉公处理。

降本增效关注的第六个重点是工艺和工艺改善。工艺可以分为研发工艺和生产工艺。工艺是降本增效的"宝藏"，有无穷潜力可挖。如A系列产品采用一种新的革命性工艺，减少两道加工工序，直接省下一个车间的设备和人力，也腾出了超过6000平方米的厂房面积；B1产品进入量产阶段，经过工艺改善，将原有的10道工序减为9道，省下的1道工序即为节约的成本；B2产品原设计工艺配置4人生产，经过工艺改善，配置3人生产即可，省下1人的人工成本；B3产品原设计材料利用率为85%，经过工艺改善，材料利用率提升为90%，降低了物料成本；B4产品量产合格率为95%，经过工艺改善，合格率提升为98%，降低了品质成本和材料成本。再如笔者第一本书《制造业成本倍减42法》中第6法工艺改善法，案例12——巧用治具节省人力41%……

以上是笔者在不同的配件型企业看到的现象，市场上有竞争力的企业，都是在工艺和工艺改善方面持续努力的企业。需要注意的是，所有的工艺改善必须以保证产品质量为基本前提。

降本增效关注的第七个重点是各种费用的合理控制。费用主要指制造费用、管理费用、销售费用、财务费用等，从总成本角度来看，一般认为这些费用越低越好，最好不要发生，笔者之前也这样认为。案例27作为一个看似较为极端却又实际存在的案例，说明了这一观点。

案例27

两家企业综合费用不同，月人均产值相差3倍多

E企业是笔者2017年辅导的一家典型的配件型企业，有较为完整的组织结构和部门设置，如市场部、研发部、资材部、人力资源部、采购部、生产部、品管部、财务部等，每个部门编制齐全，都配置了相应的人力，总人数约220人，年产值约1.5亿元。

企业存在着一些常见的成本问题：产品生产周期长、交货不及

时、浪费现象严重、物料使用超耗、产品掉落地面、报废率偏高、客诉及退货频繁等。在解决交货问题时，笔者发现E公司产品除了本厂生产车间生产外，还存在大量的半成品、成品以委外加工的方式协助生产，以应对源源不断的订单。

F企业是这些委外加工单位中规模最大的工厂，出于咨询辅导的需要，笔者详细了解并参观了这家企业。F企业组织结构简单，只有老板、老板娘、厂长三位主要管理人员，生产的主要产品与E企业基本相同。老板负责对外接单，接单方式主要是来料加工、贸易商，老板娘负责采购、财务、部分跟单，剩下的管理工作由厂长和车间具体分担，车间设置了不脱产的白班、夜班生产组长。

F企业老板认为设置诸多管理部门费用较高但产生的作用有限，同时认为E企业管理费用、制造费用、研发费用、营销费用高，人太多，成本高，浪费严重。

在F企业厂区和车间几乎看不到浪费现象，地面没有产品掉落，打印纸两面使用，没有看到"长明灯"和"长流水"，设备也未出现跑冒滴漏现象，车间只安装了几台工业风扇（E企业大部分车间安装了空调），物料损耗较少。经了解，F企业总人数保持在100人左右，生产设备数量和总产出数量为E企业的70%，年产值约为2000万元。E企业月人均产值为5.68万元，F企业月人均产值为1.67万元，两者相差3.4倍。在企业成长方面，E企业每年有一定的增速，并逐步建成了自有厂房，F企业仍在原有规模徘徊。

这两家企业鲜明的对比，刷新了笔者对各类费用和企业经营的认识。

当然，笔者也看到了极少数扁平化程度较高、经营业绩同样良好的企业，如某企业总经理直接管理生产部，只有两位总经理助理，没有其他职能部门，企业月人均产值高达12万元以上。但对现阶段的大多数企业而言，职能部门有存在的必要，应使其发挥对企业发展有益的功能，同时合理控制人数和费用。从工作分析入手，以定岗定编为基础，以关键性目标为导向，以行业人均产值为参考，以经营业绩为评价标准，合理控制企业的各种费用。

降本增效关注的第八个重点是技术人员的积极性。他们的称谓可能是调机员、技术员、生技等，他们是批量生产正式开始的第一个环节，链接着设备、物料、模具、人员、工艺，他们的技能水平和积极性对效率、品质、成本都有较大影响。

培养一名技术人员的周期至少需要一年，他们的技术水平主要来自师傅传授、个人经验积累和理论学习，他们是企业里相对稀缺的资源，也是容易就业的工种。大部分人员学历不高（大专以下），收入却比普通员工高出一大截，加上工作难以标准化，造就了他们个性鲜明、思维活跃、服从性欠佳的特点。

他们在调机中使用到的资源、对制程异常的反应速度、对生产过程资源的使用方式等，都对成本有直接影响。如调机时使用了过多的物料、占用过多的机台和时间，会使上下模具时间延长、调机时间延长；未认真确认首件可能导致批量生产不良，生产过程中检查不及时、不到位可能导致产品不良增多，制程异常未及时处理会造成生产停顿及产出效率不达标，机台未及时保养可能导致性能下降或发生故障，未生产的机台不及时关闭，生产过程中使用了过多的能耗等。

依靠行政权力和惩罚的方式管理技术人员，结果往往失效，甚至适得其反，引起技术人员的抵制和流失。在提供有竞争力的薪酬基础之上，建立技术员的评比、PK机制，公开、透明进行数据排名，并给予物质激励、精神激励等，对提升他们的积极性有较大帮助。同时，企业需建立技术人员的自主培养机制、引入机制、晋升机制、淘汰机制，建立适合企业自己的技术人员管理通道，从根本上激发他们的积极性。

降本增效关注的第九个重点是产品的品质状况。无论在企业内部还是外部，配件型企业的产品质量都对企业总成本有直接影响。在内部，产品品质不良导致效率降低，同样的投入产出却偏少，造成成本增加；如果因品质问题导致产品数量不足，还需重新投入材料、人工、机器、能源等，同样增加了成本；如果批量产品品质不良，还需增加二次生产甚至多次生产的成本；如果品质不良导致产品报废，直接拉高了物料成本。在外部，产品品质不良会导致客户投诉，影响客户满意度和下订单的积极性；如果产生退货，会增加运输费用、挑选费用、补货费用等；在外部出现产品不良信息的时间段里，最大的隐患是来自竞争对手的威胁。

如果不良产品流入客户生产车间，可能产生挑选费用、返工费用等；如果流入终端用户市场，可能产生大额召回费用、巨额索赔费用等，被客户取消供应资格。

降本增效关注的第十个重点是产品生产周期和订单准交率。产品生产周期影响周转和订单准确率。订单准交率影响配件型企业客户满意度，关系到订单数量的变动，影响着企业的成本结构和经营业绩。

大型企业在选择供应商时，出于供应链安全考虑，通常会采用"1主1辅1备"的结构来保持和供应商之间的关系。下达订单时，大部分订单下达给主要供应商，少部分下达给辅助供应商，并根据订单准交率、品质状况、价格水平随时进行动态调整。当主要供应商的订单不能准时交货时，会安排转移到辅助供应商，当辅助供应商也不能准时交货时，订单会再次转移到备用供应商。同时，产品生产周期短、订单准交率高表明与客户的对账周期缩短，企业可以获取更快的现金流，加快企业存货周转和资金周转。

以上总结了配件型企业降本增效需要关注的十个重点，由于总成本不会因为某个环节的优势而降低，却会因为劣势而增加，企业可以先暂缓目前已经基本做到的环节，聚焦补充短板环节，之后再逐步整体升级，从而深挖企业整体降本增效潜力。

二、装配型（离散型）企业降本增效关注的重点有哪些？

本节降本增效切入点

- 装配型企业的降本增效比配件型企业更复杂，物料成本是财务报表中最大的成本。
- 装配型企业降本增效关注的第一个重点是设计环节的管理。
- 在设计上降本增效，是装配型企业的首选之路。
- 装配型企业降本增效关注的第二个重点是供应商的选择。
- 装配型企业降本增效关注的第三个重点是物料需求计划的运行。
- 装配型企业降本增效关注的第四个重点是采购交货管理。
- 装配型企业降本增效关注的第五个重点是来料品质管理。
- 装配型企业降本增效关注的第六个重点是备料制的落实。
- 装配型企业降本增效关注的第七个重点是提高生产管理水平。
- 装配型企业降本增效关注的第八个重点是执行工单结案管理。

提问：我们是一家生产设备的中型机械工厂，公司组织架构和部门配置健全，有部分零件自制机加工，部分零件外发加工，还有一部分零件需要委外加工，公司有自己的装配车间，算是以装配为导向的企业，在降本增效中应该关注哪些重点？

答：这家企业属于典型的装配型企业，也属于离散型企业（离散指企业使用的多种零件加工不连续、物料相对分散），既有自制零件也有装配车间，这是目前大部分装配型企业的标配。关于自制零件的降本增效关注重点，可以直接参考前一个问题的解答。

装配型企业与配件型企业相比，物料种类繁多，涉及的资源更多，出问题的概率更高，局面相对更复杂。如果将简单的配件型企业视为"加减法"、复杂的配件型企业视为"乘除法"，那么装配型企业就是"四则混合运算"。

物料成本通常是装配型企业财务报表中最大的一部分成本，装配型企业降本关注的重点是以下几方面。

一是设计环节的管理。从成本的角度来看，设计环节是成本降低的"源头活水"，决定了主要的物料成本，包括大部分的物料特性、物料生产方式、物料周转方式，还决定了生产工艺、生产效率、产品品质等，以及图纸、BOM等技术资料的输出，其准确性对后面的物料管理、生产管理、成本核算都有较大影响。在设计上降本增效，是装配型企业的首选之路。

二是供应商的选择。选择合适的供应商，获得合适的物料单价、账期、质量、交期、服务等，需重点关注并考察供应商的机器设备、材料供应来源、检验能力、管理体系等，基本原则是采购的5R（Right time适时、Right place适地、Right quality适质、Right price适价、Right quantity适量），主要策略是"门当户对"。

三是物料需求计划的彻底运行。装配型企业最能考验一家企业对物料需求计划的理解和执行程度,对物料需求计划各要素的理解和执行有偏差,就会造成欠料或库存过高,间接地增加了不必要的成本。物料需求计划向下一层拆分,考验的是企业的物料基础管理、采购基础管理、仓库基础管理、技术资料基础管理水平,物料需求计划暴露出来的问题点,正是这些基础工作没有做到位。

从成本角度来看,装配型企业经常性欠料造成的等待是企业的重大损失,有多个装配型企业的装配车间负责人明确表示,只要不欠料,装配产能提升20%–30%根本不是问题。企业投入的主要资源不变,产出却增加20%–30%,成本自然会降低。物料需求计划执行不到位是欠料问题的根源,如果物料需求计划能够执行到位,后面的欠料问题就不会发生。

笔者认为,装配型企业的老板或总经理必须深入掌握物料需求计划原理,才能从根本上扭转物料问题。除了上述提到的原因外,笔者也见识了不少企业老板满腔热血担任PMC部经理,认为凭一己之力能够解决欠料问题,结果大都以不了了之的方式收尾。

四是采购交货管理。在装配型企业里,采购价格与降价固然重要,但采购交货管理更重要,它影响着后续工作的开展。如果交货管理不当会造成比采购单价损失更高的成本。无论是批量物料和紧急物料的采购周期这些基础管理,还是物料准时交付、委外加工件准时交付、急件处理、不良物料退补货这些复杂问题,都需要采购快速反应,将信息和指令快速传递给供应商,督促供应商尽快完成交货。

在装配型企业里,可以将物料进行分类,根据物料类别特性采取不同的交货管理方式。如机械厂可分为原材料、机加工件、外购标准件、委外加工件等。外购标准件在一定基础上,可以做到按需采购,减少库存资金压力。笔者曾在一些装配型企业的供应链系统运作中提出，将物料视为生产的"血液"，将采购部视为一个物料供应的"生产部"。

五是来料品质管理。齐套的物料到厂检验，发现其中有一些来料是不良品，不能投入生产，这是装配型企业管理中的另一个难点。来料的品质关系到装配产品的质量和效率，来料不良耽误生产进度，退补货增加收货成本、检验成本，不良品处理不及时容易造成呆滞料，产生更多不必要的成本。

提升来料品质有效的做法有：供应商辅导、将检验内容前置到供应商处，提供《出货检验报告》，供应商来料合格率评比，供应商来料合格率与后续采购订单数量挂钩，供应商来料合格率与货款结算周期挂钩等。具体做法在笔者的第一本书《制造业成本倍减42法》中，案例5——落实外协检验减少品质支出、案例15——辅导机加工外协厂商提质降价中均有详细介绍。

六是备料制的落实。如果装配型企业由于种种原因，在物料需求计划方面确实难以执行到位，那么备料制就是剩下唯一的一个可以最大限度将欠料堵在装配车间以外的方法。

备料制的原理是：用提前的确定来应对不确定，即用提前确定的备料步骤来应对并筛选出不确定的欠料。

备料制的核心思路是：提前做好准备，减少制程异常，减少处理成本。

操作思路是：提前3天（具体时间节点根据企业实际确定）以账面形式备料（查欠料），发现欠料并报采购部→提前1天实物备料，发现欠料并报采购部→提前1天领料，在物料清点交接过程中发现问题（如果是《领料单》BOM问题，立即修正）产生欠料，立即报采购部处理。

备料制的做法不仅限于物料的备料，也包括参与装配所需部件的准备，以及模具、工装、夹具、检具、测试装置、图纸等生产中需要使用的生产资源。有的企业根据装配实际需求，需对产品提前1天进行试装配或试制首件等，这些也属于备料制的范畴。

七是提高生产管理水平。 由于配件型企业的物料种类多、工艺复杂、参与生产的人员较多、出现的问题点也多，稍有疏忽便会产生额外成本。这种大规模装配的生产方式，对生产管理有较高的要求，对装配产能的突破常常是一种考验。下面的案例展示了企业如何提升装配流水线的产能。

案例28

打造装配样板线　破除日产能"魔咒"

M企业是笔者在2008年10月辅导的一家大型企业，企业有自制物料、外购物料等，有独立的装配分厂，分厂下设两个装配车间，共计7条装配流水线。

在装配分厂效率提升活动中，咨询老师了解到，在装配车间流传着一个说法：每条流水线每天产出最多不超过800只，无论怎么努力都无法超越这一产量。

在询问分厂厂长及两位车间主任后，他们证实了这个说法，并表示出无可奈何的样子。厂长表示，这一产量似乎就是分厂的"魔咒"，三年多，每次试图突破都被打回原形，想了很多办法，尝试了多次都没有成功，最后接受了这个事实。据反映，问题点主要集中在欠料和来料不良，各种制程异常频繁出现，一些工位劳动强度较大，员工也不愿意配合，加上还会出现一些品质上的返工问题，800只能做到就算优秀，有的装配线一个月只有1/3的时间能达到800只/天。

咨询老师结合上述信息，在对整体状况充分了解的情况下，选取了日产量最低的一车间二号装配线作为试点，开展了一次为期一个月的样板线效率提升活动。

开展的主要活动如下。

- 产前物料准备。要求生管部在当天12:00前发出次日生产计划，并确保第二天上线物料准备到位；同时视物料实际影响状况进行通报，必须保证第二天在正式装配前，良品物料到达流水线，否则不列入生产计划排产。

- 后三天企业自制零件供应。由生管部统筹，车间主任列出后三天所需各分厂自制零件供应数量及各装配线分配计划，并跟踪相关分厂实际排产情况、产出情况、品质状况，运输问题由生管部负责协调。

- 产前物料确认。物料员在当天15:30前完成次日生产所需物料的实物领料工作，生产组长必须在当天16:00前确认次日实物物料齐套状况，确认物料到位后在《领料单》上签名，交车间主任再次确认并保存备查，有异常立即通报生管部处理。

- 产前工装准备。生产组长在16:00前依据第二天《日生产计划》确认工装是否到位、是否可以正常使用（至少正常完成5个产品的试装配）等，确认后上报车间主任，如有异常须书面上报。

- 流水线员工士气提升。每天组织召开生产早会、班后总结会，强调及总结品质、效率、士气、5S、员工心态等事项。

- 由厂长宣布工作纪律。所有流水线人员未经生产组长许可，一律不得擅自离开工作岗位；所有生产组长未经车间主任许可，一律不得擅自离开工作岗位；生产操作必须按工艺要求进行，如有问题须及时向生产组长反映，不得擅自更改；各班人员在下班后必须清理工作台位，完成后迅速到指定位置集合。

❖ 人力补充。依40人/组的标准补充人力，所缺人力要求人力资源部回复人员补充完成时间。

❖ 新人技能培训。由品管员及当班生产组长对新进员工进行现场指导培训，新员工需在7天内掌握基本操作技能，由生产组长负责考评。

❖ 分析瓶颈工序、瓶颈工位并给出解决方案。入盒工序以动力代替人力，叠片工序依人数分开计件，设立超产奖励，超产部分按原计件单价的120%计算工资，同时向工务部提交《联络单》，向半自动、自动化方向改进；烧焊工位属于有强度、有技术含量的岗位，计划多培训1人作为后备力量，由车间主任讲解操作要点，使烧焊动作标准化；入盒、检测、桥焊工序之间的产品中转时间过长，采用辅助流水线的方式改善，减少搬运时间。

❖ 5S管理。重新拟定二号装配线5S标准、明确区域责任人并分区执行。

❖ 开展"每天产量提高1%"活动。由生产组长每天在早会上宣布当天一定要完成的产量；当产量提高到901只/天时，保持约一周的改善和稳定时间，用于消除产品装配中的短路不良现象。

❖ 产量统计。由生产组长每小时统计并在看板上公布实际产量。

❖ 机种切换时间管理。机种切换时组长必须在现场处理，车间主任制定不同机种切换完成的标准时间并监督执行。
- ❖ 订单尾数控制。由包装人员计数，并在该批产品累计装配数量80%时告知生产组长，由物料员协助生产组长清点剩余物料，如物料不够及时去仓库补料；对所有未补齐的尾数列出清单，在批量生产计划外安排专人进行有序清理；在原有批量生产、散单生产的基础上，考虑将易产生尾数的工序分开单独生产。
- ❖ 开展"今天我来当组长"活动。每天让二线的一位员工代理生产组长，主要工作为主导组内5S、早会、班后总结会，同时对各员工实际表现进行评比打分，优秀者活动结束后奖励30元/人。
- ❖ 开展"我为二线提建议"活动。在效率提升期间，二线各成员能提出有效改善建议者，奖励10元/次。
- ❖ 样板线打造激励措施。改善达标后，将视效果对样板线打造小组成员进行集体表彰，安排总结会，并让其他部门参观学习。
- ❖ 对员工进行培训、考试。由厂长主导，现场取材，以照片、视频的形式，讲解各工序操作要点及标准动作、注意事项等，由车间主任和组长以口头测试、操作检查、书面考试等形式强化员工对培训内容的掌握。

经过一个月的调整、落实、跟踪，二号装配线的现场和士气焕然一新，出于对产品品质稳定的考虑，产量稳定达到901只后，不再要求产量方面的提升。

厂长表示，这次活动破除了单条装配线产量"魔咒"，接下来将把这些好方法推广到所有装配线，他也有信心突破更高的产量。

> 在2009年3月的总结中，该分厂的装配线日平均产量顺利达到了1000只，为企业整体业绩提升贡献了力量。

八是执行工单结案管理。这是指工单在生产完成后，对工单所用物料的领用数量、发放数量、退补数量、损耗数量等进行核对，对工时进行统计，明确该工单的物料是否有浪费，效率是否达标，相对应的物料成本、人工成本是否在控制范围内，根据结果提出后续的对策，形成良性循环以降低成本。

工单结案的方式有多种，可以选取最重要的成本关注点进行结案。

工单结案帮助某中型设备企业降低了约3%的物料成本，帮助某行业细分头部企业，准确找到项目制工程管理降本增效的重点，为项目决算打下良好基础，每年为企业增加5%以上的利润。

以上列举了装配型企业降本增效中关注的八个重点，虽然物料是这类企业的重中之重，但是设计问题、工艺问题、执行力问题、员工积极性等方面也不容忽视，它们会带来产品隐患、客户投诉、成品退货等，也影响着成本和利润。

三、快速成长型企业如何实现降本增效？

本节降本增效切入点

- 品质降本增效活动，第一个阶段是品管部的职能发挥和合适的人选。

- 品质降本增效活动，第二个阶段是设立品质改善专项基金。
- 品质降本增效活动，第三个阶段是建立品质数据和品质目标。
- 品质降本增效活动，第四个阶段是开展品质意识教育。
- 品质降本增效活动，第五个阶段是召开品质提升动员大会，推行品质活动月方案。
- 品质提升月方案中，除了主方案外，还有多个支持方案，有大量的工作需要完成。
- 品质降本增效活动，第六个阶段是成立品质提升攻关小组改善品质。
- 品质降本增效活动，第七个阶段是抓工艺标准和操作标准的落实，重点关注员工操作动作。
- 品质降本增效活动，第八个阶段是通过开展品质排名评比，树立品质榜样，激发个体品质改善。
- 品质降本增效活动，第九个阶段是品质教育、再教育。

提问： 我们是一家近几年快速成长的中型企业，目前大家还没有适应企业发展后的各种问题，最突出的是管理人员和员工普遍学历不高、品质意识差，导致企业整体品质成本高，请问该如何打破这种局面实现降本增效呢？

答： 这个问题是企业规模由小变大遇到的常见问题，品质是企业的生命线，也是影响企业进一步壮大的关键因素之一。企业在成长的同时，需要关注总成本的变化，警惕利润是否与规模一起成长。品质成本是总成本的一部分，包括预防成本、鉴定成本、内部成本、外部成本等。

提升品质需"因材施教"，根据不同的状况应用不同策略，读者可以从以下九个阶段逐步提升品质意识、降低品质成本。

第一阶段是品管部的职能发挥和合适的人选。部门职能的发挥有两种途径，一种是从上而下全面展开，另一种是将部门职能划分为几个部分，先聚焦一部分工作职能发挥作用，使问题受控后，再聚焦另一部分职能，使其发挥作用，使问题受控，再聚焦下一部分职能……如此循环，最终发挥出部门应有的职能。两者的操作方式有所不同，共同点是都需要企业高层的有力支持和公开授权，中型企业可以采用第2种方式逐步行使品管部职能。

一般由品管部负责人主导品质提升，品管部负责人优先考虑人品正直、有原则性、数据观念强、敢与各部门特别是生产部门"叫板"的人员，选好品质负责人，品质降本增效事半功倍。同时，要为品管部负责人配置合适的队伍，以便部门内外形成合力。

第二阶段是设立品质改善专项基金。这项基金由公司拨款专款专用，总金额要有一定的吸引力，主要用于品质改善的奖励支出，包括品质培训、各种品质活动、品质攻关、品质排名、品质评比等，对于造成品质损失需要承担责任扣款的项目，也可列入基金，向全公司员工公示。

第三阶段是建立品质数据和品质目标。企业规模壮大后，以前凭经验做事、靠感觉管理的方式会受到挑战，需要管理人员学会用数据说话，用数据做管理和决策。品管部同样需要建立来料检验数据、制程检验数据、出货检验数据、客户投诉数据、退货数据、报废数据等。

品质数据不一定在等待中建立，可以一边推品质改善，一边统计数据。品质数据建立后，设定品质目标、分阶段性改善目标和最终管制目标。

第四阶段是开展品质意识的教育。可以开设全员品质意识培训课程，讲解品质的定义、品质管理发展史，以及正确的品质意识，如果能结合企业实际的产品品质案例最好。教育的意义不在于大家是否听懂了品质管理知识，而是传递一个信号——公司要提升品质，大家的品质观念得改变。这项活动从始至终都要进行，可以在班前会、品质例会、专题会议等场合，以实物、图片、视频的方式讲解，也可以在生产车间的看板上展示这些内容。

第五阶段是召开品质提升动员大会，推行品质活动月方案。如果品质问题较为严重，可以升级为品质提升动员大会。动员大会绝不是走形式，开完后就结束了，一场精心策划的品质提升动员大会具有教育意义，可以为以后的品质改善打下良好的群众基础和心理基础。下面是笔者在企业里主导的品质提升动员大会。

案例29

提升品质高管无动于衷　动员会总经理现场落泪

G企业成立于1997年，经过十年的成长、扩张、并购，特别是在2002年至2007年间销量迅速增加，成为一家拥有两家公司、四个生产基地的大型企业。

2008年金融危机爆发后，企业订单锐减，经营处于亏损边缘，多年来累积的各种问题开始爆发。为了提升业绩和综合竞争力，企业借助外力开展变革。笔者带队主导G企业的变革，其中的内容包括品质提升、品质成本降低。

这家企业的员工大多数是附近的村民，有时晚上不加班，下班后还要去种田，学历普遍不高。在项目推行初期，项目组帮助企业完善了原有的组织架构和数据体系，相继推动了效率提升、样板线、品质提升等改善活动，各项数据有了一些提升。

随着变革的深入，特别是在提升产品品质时，各项工作要求提高，一些管理人员出现明显波动。其中以主管生产系统的生产副总最为突出，对项目组下达的任务和各种事项均采取"三不政策"：不支持、不反对、不参与，在品质改善任务上也是如此。品质改善几乎涉及公司所有部门，最主要是各生产基地负责人的配合，生产副总的表现带动了两个生产基地负责人的情绪，他们也对项目组的任务敷衍了事。

为了提升企业的产品质量，笔者和负责品质改善模块的老师策划了一场大规模的品质提升动员大会。参会人员有总经理、生产副总、营销副总、售后经理、品管部经理和所有品管人员、各生产基地负责人和组长级以上人员、与品质相关部门的经理。

会议依次由总经理、生产副总、营销副总、售后经理讲话，总经理讲话是宣布品质提升月开始并强调品质的重要性，生产副总轻描淡写地讲了几句话，营销副总和售后科长讲述品质问题在市场上造成的不良影响和客户的反馈，生产基地负责人代表和组长代表依次发言，品管部经理介绍了品质提升月方案的主要内容。接下来笔者代表项目组讲话，在会议前笔者和品质模块老师准备了大量的素材："海尔砸冰箱"视频片段、企业里不良的零件、堆积如山的退货、多个装车出售报废成品的视频、网络上用户的不良评价等。当这些照片和视频展示完毕，总经理当场哭了起来，在品管部经理的安慰下，总经理失控的情绪逐渐平复。最后，会议在品质提升月指挥中心成员和品管部成员宣誓、生产部门集体宣誓中结束了。

> 这次会议给企业带来了巨大的冲击，半个月后，经公司董事会研究决定，调整了生产副总的人选。项目结束时，有两位参会经理私下坦言，那次品质提升动员大会后，他们当天晚上一夜未眠。这次会议提升了参会人员的品质意识，为后续的品质成本降低打下了良好基础。

在案例29推行的品质提升月方案中，除了主方案外，还有分工方案、宣传方案、工艺检查方案、质量评比方案等多个支持方案。宣传方案除常规的宣传专栏外，可以用漫画、视频、图片、征文等员工喜闻乐见的形式进行宣传，可以在宣传中设置奖励，鼓励更多人参与进来，如征文比赛、演讲比赛、自编品质宣传标语征集等。工艺检查方案中大量的工艺文件（生产工艺标准和作业指导书）需要花费大量的时间提前查漏补缺。

这个方案在实际执行时共检查出151项问题点，涉及技术、生产各个环节，在品质活动提升月结束后仍然继续执行，后来形成了工艺检查自检、互检的制度。

上述投入上的准备、内容和形式上的差异，决定了各企业推行品质提升活动月效果的不同。

第六阶段是成立品质提升攻关小组改善品质。针对品质合格率低和品质问题频发的某一产品或某一客户，确定品质提升目标、时间、人员、针对性的品质改善动作、奖惩等，集中公司优势资源，解决品质瓶颈。品质数据的提升、品质成本的降低、品质状况明显好转，都在这个阶段开始出现。攻关的具体做法已多次提到，此处不再赘述。

第七阶段是抓工艺标准和操作标准的落实，重点关注员工操作动作。根据品质目标和品质实际数据的差距，以及企业品质不良问题排名，制定、完善工艺标准和操作标准，把一部分优秀的经验形成可操作、可检查的文件。由品管部主导检查工艺标准和操作标准的执行情况，对未执行标准的责任人进行纠正、教育。对因操作动作不当造成的品质问题，开出品质异常警示，对造成不良的一线人员给予公开张贴品质警示，必要时考虑给予处罚。

第八阶段是通过开展品质排名评比，树立品质榜样，激发个体品质改善。按照责任主体，对各项品质数据进行排名，如合格率排名、报废率排名、客诉件数排名。对优胜者授予光荣称号，如"质量优秀班组""质量之星""优秀品管员"等，给予流动红旗、荣誉证书、奖状和物质奖励，在公司内进行宣传；对极少数屡教不改、改善无效的责任主体予以淘汰。

这类奖励活动在规则完善、数据准确、公平、公正、公开的基础上落实后，可以固定成为公司政策长期执行。榜样的力量是无穷的，这里的小投入会为企业带来更多的利益。以品质目标为导向，开展大量的品质活动，将品质改善方法融入品质活动，将品质改善以活动的形式展示出来，促使更多人参与品质改善，这样持续下去可以强化员工品质意识，最终可以提升产品品质，达成品质目标。

第九阶段是品质教育、再教育。针对有代表性的品质问题、给企业造成重大损失的品质事件，召开案例分析会，找到责任人、分析对策、解决问题之后形成公司级品质教育案例。当各项品质数据改善到一定程度、品质成本受控后，可以将相关指标列入各级人员绩效考核，使品质成本受控、品质改善常态化。这两项工作是为了品质教育、再教育，也可以说上面九个阶段的工作都是为了品质教育。品质管理始于教育，终于教育；既是一项基础工作，也是一项终极工作。

四、混合型产品企业物料成本如何核算到位？

本节降本增效切入点

- 装配型产品物料成本一般占总成本的60%左右，是降本增效的主要控制对象。
- 零件类产品物料成本一般占总成本的30%左右，是降本增效的重点控制对象之一。
- 解决物料损耗率争议的矛盾，出发点是公司只能有一套统一的物料损耗率标准。
- 将物料超损耗用料的责任精确归属到每一道工序、每一个班组，通过改善、评比、激励，逐步实现物料损耗率的整体降低。

提问： 我们公司有两家工厂，一家是装配成品工厂，有100多人，物料种类比较多。另一家是生产零件工厂，有200多人，为装配工厂生产配套零件，物料种类相对比较少，通用性强。目前公司成本核算比较粗放，怎么将这两个不同类型工厂的成本核算到位，从而实现降本增效的目的？

答： 这是一个混合型的成本核算问题，两者的生产方式和物料成本所占比例差异较大，需要分开解析。

装配型产品物料成本一般占总成本的60%左右，是降本增效的主要控制对象。在实际操作中，以事前控制和事中控制为主，成本核算是事后控制的一项数据，对降本增效的作用有限。

装配型产品物料成本控制以按单发料为主要降本方法。在产品BOM准确、物料标准损耗率确定的基础上按工单领发料，正常部分由仓库按工单备齐物料，车间安排人员领料。异常领料则由生产部门按照工单编号，填写产品数量及异常领料原因，由权责人员批准后到仓库领料。

异常领料统计后又可分为损耗率以内领料、损耗率以外领料，损耗率以内领料一般可以视为符合降本增效的要求，因为产品报价时已将损耗率计算在内；而损耗率以外的领料是额外成本，是需要降本增效关注的要点。

装配型产品物料成本核算需将正常成套领料、损耗率以内领料、损耗率以外领料的原始单据统计准确，才可正确反映物料成本。由生产系统管理人员针对损耗率以外领料进行分析，找到这些物料降本增效的方向，如零件质量问题、工艺问题、装配问题、设计问题、返工问题等，需要根据不同的问题制定出相应的对策。

零件类产品物料成本一般占总成本的30%左右，是降本增效的重点控制对象之一。零件类产品一般具有物料较少、物料通用性强、零件成品种类较多、生产工序较多、周转频繁、数据庞大、数据难以统计准确等综合特征，对成本核算和降本增效来说，都有一定的难度。

在实际降本增效管理操作中，多采用事前控制加事后控制的方式，目的是促进事中控制。事前控制可以通过原材料的发放数量来管理，如控制第一道工序的投入数量、控制原材料的开料数量等。事后控制可以通过成品的入库数量来统计，对比投入原材料的数量，加上合理的损耗率即可统计出零件的良品率、损耗率、物料成本。

这种统计方式看似合理，可是统计出来的损耗率通常较高，在多家企业里，都引发了部门之间的争议。表现之一是公司的财务部或技术部制定的损耗率，生产部门并不认可，认为数据不符合实际，或者认为损耗标准太低，对待损耗率的标准长期处于"拉锯"状态；表现之二是统计出来的损耗率太高，生产部门置之不理，如果完全按照物料损耗率参与绩效考核，则生产部门最后将无人可用；表现之三是生产部各工序之间责任不明，相互推卸责任，最终不了了之。

解决这个矛盾的出发点是公司只能有一套统一的物料损耗率标准，突破点在于不整体打包，而是在高位损耗率下准确细分出每一道工序、每一个班组的实际损耗率，解决工序问题，从而逐步降低损耗率。下面是一家企业降低损耗率的案例。

案例30

盘点细分工序损耗　评比奖励成本降低

M企业是一家有400多位员工的生产零件企业，产品种类达1300多种，每天生产800多批次、发货数量超过2000万个，产品交货周期为3-5天，是典型的多品种、小批量、多批次、短交期形态。

在数量管理上，经常出现第一道工序产品数量足够但最后一道工序数量不够的现象，也出现发货时找不到产品的现象。由于交期紧张，经常依赖再次下达生产工单从欠数工序生产，或者直接从第一道工序重新生产来解决。

面对这种复杂的局面，企业设置了成本会计岗位统计各项成本。

在物料成本核算中，成本会计将各产品规格当月第一道工序投入总数量，减去当月零件的成品入库总数量，再除以当月第一道工序投入总数量，乘以100%，得出这一类型产品的物料损耗率。经统计，该企业物料损耗率平均为8.7%，部分规格的产品物料损耗率高达10%以上，远远超出企业技术部门制定的3%物料损耗率标准。

面对这种情况，企业原来制定的生产管理人员绩效考核制度，关于物料损耗率的考核显然无法执行下去。在部门负责人会议上，财务部经理只能呼吁生产部门重视物料使用，减少浪费，降低成本，高层领导对此也无可奈何。

在参与这家企业的降本增效辅导后，笔者提出了"三步走"的方式降低物料成本。

第一步是通过月度盘点，细分出每道工序的物料损耗率。第一个月末各车间停产一个白班，采用静态盘点的方式对各车间现存所有物料、半成品进行盘点。由车间负责人组织各工序班组长初盘，由财务部人员抽盘，抽盘的比例不低于50%。对部分难以统计具体数量的物料，用称重的方式进行计量；针对难以称重的原材料，由技术部、生产部、PMC部共同安排指定人员估算数量，估算采取的具体方式及估算数据记录在《盘点表》上。

由成本会计统计第二个月各车间、各工序、各班组的领料总数量，以及第二个月产品入库总数量。到第二个月月底，再次组织人员对车间进行盘点。

对于上述数据，除了盘点数据外，其他大量数据有必要由ERP系统产生，ERP系统收货、领料、发料的流程和数据的维护对成本核算的准确性强相关，在日常工作中，应有指定人员定期检查。

上月（第一个月）末物料盘点数量加上当月（第二个月，下同）领发物料数量后，减去当月成品入库数量和当月月末物料盘点数量，得出当月物料净领用数量。再减去当月应发物料数量，可以核算出物料损耗率，再区分出正常物料损耗和异常物料损耗。

以上数据需要根据物料、半成品、成品的特性进行分类计算，具体可以依据技术部的标准，结合生产部的意见进行分类。还需要注意，无论是盘点、计量，还是领料、发料、入库，在这些过程中都需要精确分配到工序、班组，为下一步的物料损耗率降低做准备。

这一步骤是整个降本增效操作中最复杂的一步，这项数据并非两三个月就可以统计准确，可能需要半年或更长时间，其间投入的人力、物力较多，时间跨度较大，加上停止生产盘点，对效益和交期有直接影响，需要有高层领导的坚定支持。

第二步是聚焦高物料损耗率工序，由工序组长承诺阶段降本增效目标。在计算出各工序、班组损耗率后，由生产部各工序组长签字确认，如工序组长认为损耗率统计有问题，由成本会计负责确认解释或根据事实予以更改。在降低物料损耗率处理上，首先聚焦高物料损耗率的工序，由生产部主导分析物料超耗的主要原因，技术部门协助改善物料超耗，使高物料损耗率工序有所降低。其次分析各类物料超耗原因，大致有来料质量问题、工艺问题、员工操作问题、模具问题、机器问题、工序数量流转问题等，由生产部组织相关部门对问题提出整改对策。最后由生产部将物料损耗率分解为工序阶段性目标，由各工序组长提报改善对策及承诺完成时间，生产部负责审核后，交公司领导批准后生效。

第三步是对各工序、各班组物料损耗率降低进行评比和奖励。在推动物料损耗率降低的过程中，可以对各工序、各班组进行评比，根据实际物料损耗率降低数据，评选出提前达标班组、阶段性达标班组、进步班组等，分别给予一定的奖励。对物料损耗率未达标班组、物料损耗率没有降低的班组，由公司领导个别谈话，生产部负责人进行单独辅导，促进物料损耗率的整体降低。

M企业经过上述调整，9个月后物料损耗率稳定控制在5%以下，达到了预期的阶段性目标。

这一案例的重点是在物料核算的过程中，将物料正常用料和超损耗用料的归属单位精确计算到每一道工序、每一个班组，以工序物料损耗率指标为准绳，通过分解目标产生压力，通过改善、评比、激励，逐步促进物料损耗率阶段性达成，最终实现物料损耗率的整体降低。

从成本核算到成本降低，再到成本达标，是降本增效中相互作用、相互提高的良性互动过程。

五、数据化程度低的传统企业，如何降本增效？

本节降本增效切入点

- 企业管理降本增效活动，对员工的文化程度需求并不高。

- 解开管理凭感觉、做事凭经验的束缚,树立数据化管理观念,初步建立降本增效的主要数据。
- 降本增效数据具有统计、监控、协助判断功能。
- 降本增效数据能形成对比,形成决策,用于结果管理。
- 一家企业可能没有标准,没有流程,但是一定会有表单,降本增效要深挖表单。
- 数据化的前提是标准化,标准化的前提是管理对象愿意受约束,不愿受约束的根源是员工的随意性,这是有人反对数据化管理的第一个原因。
- 逃避挑战和逃避难度的本质是人的惰性,这是有人反对数据化管理的第二个原因。
- 数据化管理增加了工作量,避免了各种不确定,也暴露了问题的真相,这是有人反对数据化管理的第三个原因。
- 数据是企业散落的"珍珠",也是企业的隐形"金矿"。
- 树立降本增效意识,先聚焦一项成本数据或费用数据,降低它。
- 有了降本增效成果后,扩大降本范围,推动企业整体降本增效。

提问:我们是一家有二十多年历史的传统制造企业,企业管理人员文化程度普遍不高,公司管理较为粗放,大部分人员靠经验做事,靠感觉管理。公司整体的数据化程度较低,各种成本数据也较少,针对这种状况,怎样降本增效更好?

答:笔者多年前在辅导珠三角地区一些民营企业中,遇到过类似问题,下面介绍一些企业较为成熟的做法和企业整体降本增效改善的方向。

首先,正确认识员工文化程度与企业管理的关系。对于中小企业而言,除去外语类岗位，大部分企业的管理岗位对人员学历的实际需求并不高。例如，对生产管理人员的数据要求，包括生产数量的统计、工时的统计、良品率的统计、计件工资的统计等，即使加上对数据变化趋势的管理，大部分都是加减乘除的组合，并不需要微积分之类的高等数学知识。与此同时，学习能力才是成长的通行证，即使管理人员学历不高，只要愿意以开放的心态，积极学习新知识并应用到实际，也能适应企业的需要。

其次，树立数据化管理观念，初步建立主要数据。在一些管理凭感觉、做事凭经验的企业，非常缺乏数据化管理，主要表现有：公司领导不重视数据建设，没有充分认识到数据化管理在企业管理中的重要性；对数据目标整体缺乏规划，没有形成公司级、部门级关键指标；大多数部门仅有原始表单，没有对数据进行系统分析、改善、提升；在整体管理过程中，多数部门没有准确的数据来反映实际业绩；没有关注和运用各类数据的连续性、趋势性；没有形成用数据说话、做管理的工作习惯。

丰富的工作经验对于工作的顺利开展固然重要，但毕竟经验不系统，缺乏规律性，也难以快速创新，只凭经验做事有较大的局限性、随意性与保守性。

数据的主要作用表现在三方面，**一是统计功能**，根据实际情况如实、有序统计数据，能说明和反映问题；**二是监控功能**，可以澄清事实、跟踪事实，监控事情变化的趋势；**三是协助判断功能**，数据可以为经营管理者提供判断、决策的依据，帮助他们实现理性管理和决策。

数据的应用也主要体现在三方面，**一是形成对比**，如实际情况与目标的对比，每天、每周、每月、每年之间有关经营指标的对比，行业、企业、车间、班组、个人之间的对比等。**二是形成决策**，根据数据的变化进行判断，根据判断作出推理或决策，根据趋势的变化作出新的决策。**三是**

结果管理，可用于设定目标、检讨行动、改善数据，也可用于管理和经营，尤其适用于降本增效管理。

尽管数据化管理有多种作用，但有的企业关键数据始终建立不起来，有的建立起来却起不到应有的作用，案例31给出了答案。

案例 31

关键数据难建立　有了数据陷僵局

E企业是一家有着近15年历史且年产值超两亿元的企业，近几年企业老板发现管理问题愈加凸显，客户经常抱怨交期，每天有好几家客户投诉品质问题，利润率明显降低。

针对产品报废问题，企业统计了报废率这项指标，并规定了出现报废后的责任承担问题。考虑到一线技工难以培养，因此他们在产品报废方面承担的责任较少，而是将报废率的考核主要责任落实给管理人员。管理人员平均工龄在十年以上，见证并参与了企业的成长，在调整报废率的考核责任方面经过多次努力无果后，大部分管理人员对这一政策采取不支持、不反对、不作为的态度，形成了不追究责任企业会受损、过度追究责任人员会失去积极性的僵局，这是一种典型的"习得性无助[①]"现象。

在参与了该企业的辅导后，笔者发现了其中的端倪，通过总结发现，数据化是企业管理七大过程（见图2所示）中的一环。

---

① 习得性无助指个体经历某种学习后，在面临不可控情境时，形成无论怎样努力也无法改变事情结果的不可控认知，继而导致放弃努力的一种心理状态。

图2 管理的七大过程

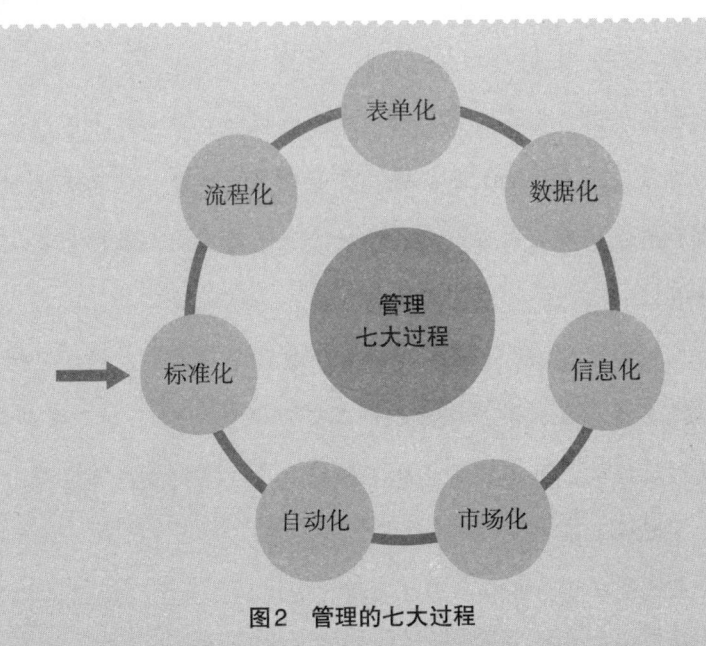

从图中循环可以得知，管理需要标准化，标准需要流程化，流程需要表单化，有了表单化才能数据化，有数据化的基础才能实施信息化，有了信息化就可以市场化，在市场化的基础上可以实现管理的自动化。

一家企业可能没有标准，没有流程，但是一定会有表单，这是数据化的必要条件，也是数据化管理实际操作中值得重点挖掘的事项。数据化管理并非一蹴而就，数据化的前提是标准化，标准化的前提是管理对象愿意受约束，不愿受约束的根源是随意性。

E企业对数据目标缺乏整体规划、管理粗放、做事凭经验、管理靠感觉、生产现场管理不力、产品检查不到位、岗位职责不明确、标准化体系缺乏、责任文化扭曲、仅有部分生产系统数据进行了统计，这些无不显示该企业在经营管理中的随意性，这也是有人反对数据化管理的第一个原因。

用数据说话，需要建立标准，建立流程和表单，对于管理人员有一定的难度。而靠经验做事、凭感觉管理没有难度，也没有挑战。逃避挑战和逃避难度的本质是人的惰性，这是有人反对数据化管理的第二个原因。

数据化管理增加了工作量，避免了各种不确定，也暴露了问题的真相，这是有人反对数据化管理的第三个原因。有人为了掩盖真相，就会反对数据化，或者提供非真实数据，使数据失去应有价值，最后数据化管理不了了之。

以上就是有些企业难以形成数据化管理的三大主要原因。

正如E企业，有一部分产品的报废责任始终找不到责任部门，无法区分责任人，更谈不上后续的改善和预防。大部分管理人员对数据化管理、数据指标、品质目标的提法十分敏感，在数据提供时尽可能少提供或不提供，对数据有一定的畏惧感，认为数据统计出来之后可能会对自己不利，可能会减少自己的收入。

在找到原因之后，笔者对这种状况进行了调整。调整组织架构及部门职能，从结构上增强生产部门的主体质量意识，同时提升品管部的地位。在流程上增加首件检验确认过程，减少批量报废的产生。在操作上，做好产前准备工作，减少不良产品的发生；加快不良产品反馈速度，及时纠正不良产品现象；定期对报废责任进行详细区分，明确责任划分标准和依据，提出纠正和预防报废的动作，检查这些动作的落实。

在以上动作产生效果、报废率有所下降后，开始调整技工的收入

> 构成，将报废率与技工收入挂钩，推出技工评比机制，每月按评比方案评选出一定量的优秀技工进行表扬和奖励。管理人员根据统计数据，将部分收入与部门报废目标挂钩考核，超出目标会有一定奖励。
>
> 至此，E企业的报废率目标开始达成并逐步下降，发挥了数据化管理应有的作用。

数据化管理是企业建立公司级、部门级、岗位级管理目标，从数据定义到数据采集形成数据标准化体系，并根据动态数据的变化有针对性地分析问题，从而有效推动问题改善与解决的过程。

数据是企业散落的"珍珠"，也是企业的隐形"金矿"。在建立数据统计之后，需要开始改善成本，**这时的做法是树立降本增效意识，先聚焦一项成本数据或费用数据，降低它**。可以通过培训的方式向各级人员讲解成本的基本概念和降本增效观念，以其他企业降本增效案例、同类型企业降本增效案例等为蓝本，帮助树立成本意识。聚焦成本数据，可以选取某一项成本或费用，降低它，如某一种物料、某一种辅料、某一种物流费用等，切忌贪多求全，防止效果不佳。

最后是扩大降本范围，推动企业整体降本增效。在看到降本增效成果后，适时扩大降本的范围，可以通过攻关、评比、激励等方式，让更多的部门和人员参与降本增效工作。随着效果的扩大、降本增效方法的广泛应用、降本增效动作的落地，最终推动企业整体降本增效。

综上所述，无论是推行数据化管理，还是推行降本增效活动，对企业来说都是一场深刻的组织变革，更是一次观念革命，需要主导者全盘仔细考虑，对可能出现的阻力、压力、推行时间，有一定的判断和心理预期。

第五章

不同部门如何进行降本增效

一、财务部门如何在降本增效活动中发挥作用？

本节降本增效切入点

- 财务部门在降本增效中，通过准确、准时完成每月财务报表，为决策提供财务依据，降低决策成本的产生。
- 财务部门在降本增效中，通过合理控制财务费用及各项支出，合理筹划企业税负，增加各种补贴，提高资金周转率，降低资金风险。
- 财务部门不参与报价管理，一定程度上失去了成本管理的先期规划。
- 财务部门在降本增效中，参与报价管理，避免发生看不见的亏损，同时实施报价成本对标。
- 报价第一次对标是生产对标，在报价已经完成、产品生产交货之后进行。
- 报价第二次对标是生产内部对标，在出现大批量生产后进行。
- 报价第三次对标是财务部门主导，针对降本增效活动调整后的工作，将所有发生的费用和成本再次核对。
- 财务部门在降本增效中，通过成本核算数据找到成本管理中的问题点，跟踪问题解决来发挥作用。
- 财务部门在降本增效中，通过和相关部门的共同协作，提升运营效率，降低公司总成本。

提问：公司领导都说财务部门能够在降本增效活动中起到重要作用，但感觉财务部门基本上都是在算账和做报表中度过，财务部究竟该如何发挥作用呢？

答：根据笔者多年在企业中的辅导总结，结合多家企业对财务部门的要求及财务部在降本增效活动中的有效做法，财务部门在降本增效过程中起到的作用，可以归纳为以下几点。

一是准确、准时完成每月财务报表，为决策提供财务依据，降低决策成本的产生。 首先是按时按质完成每月财务三大报表，这对于规范化管理的企业来说不是问题，但实际操作中，要求每月15日提交上月财务报表，有一部分企业做不到，或者提交的财务报表并不准确。如果这一项基本要求不能达成，那么参与或主导后续的降本增效活动也只能是空谈，财务报表能为决策提供依据，为理性决策、科学决策提供支持，减少不当决策的产生。其次是财务报表在按时按质完成的基础上，指出营收方面的波动，如销售额的异常变动、企业里各项成本、各项费用、各项资金的异常波动、物料成本升高、人工成本增加、管理费用增加、营销费用升高、存货金额异常、应收货款异常等，以及指出企业需要改善的降本增效重点和降本增效事项。最后是在财务报表的基础上，从财务角度对公司的重大决策提供参考和建议，降低决策成本。毕竟决策成本是企业最大的成本。

二是合理控制财务费用及各项支出，合理筹划企业税负，增加各种补贴，提高资金周转率，降低资金风险。 这些是财务的基本职能，可以通过预算管理、账期管理、税收筹划、降低存货、强化应收款管理、内部审计、统筹资金运用计划等方式进行合理管控。如某企业财务部门主导推动企业认定为国家高新技术企业，既享受了税收优惠政策，又获得了当地的补贴；某企业财务部门通过政策研究，积极说服企业主动应对，为企业降低税收、增加补贴，每年实现数百万元收入；某企业财务部门对应收、应付账期进行规划，对应收款进行有效管理，每月释放现金流超过500万元；与之相反，某企业因申请人员报表填写失误，财务部门未能审核出问题，造成申请资料错误，再次提交日期已经延误，导致上百万元补贴无法兑现，造成了不可挽回的损失。

三是参与报价管理，既能避免亏损产生，又能实现内部成本对标。财务部门在报价上可以分为两种，即不参与报价管理和参与报价管理。报价是成本管理的基准，是经营中量、本、利的综合规划，是成本核算的起点和标尺。财务部门不参与报价管理，一定程度上失去了成本管理的先期规划。

报价管理出现问题，产生了"看不见的成本""看不懂的成本"，容易导致企业产生难以发现的亏损，这是笔者总结的企业亏损原因之一。其中的原理及解决办法，详见本书第7个问题和《制造业成本倍减42法》书中第16法内容及案例24。

报价管理可以实现企业内部成本三次对标，以找到降本增效方向、降本增效改善点，实现降低成本、增加利润的目的。

第一次对标是生产对标，在报价已经完成、产品生产交货之后进行。这时产生了一系列的实际生产数据，如小时产量、产品良率、物料成本、辅料费用、人工成本、模具费用、能耗费用等，可以根据《报价单》核对每一项成本、每一项费用的准确性，找出差异点进行纠正。无论是报价不够详细、不够准确，生产实际达不到报价中效率、良率的标准，还是人工成本过高，生产过程能耗过大等问题，都需要回归报价原点，财务部门督促责任部门进行改善，对各项成本和费用做出调整行动，使它们小于或等于报价数据。

试想，如果企业里有多个甚至大部分产品存在实际总成本高于报价总成本，造成没有利润或应得利润减少，或直接形成亏损的情况呢？在一些企业，基于竞争的需要，不得不"赤字接单"，然后通过各种降本方法进行改善，最后实现"黑字出货"。所以，用报价总成本检视实际发生的总成本，是企业降本增效活动必须要做的一件事，财务部门是这件事情非常适合的参与者。

第二次对标是生产内部对标，在出现大批量生产后进行。大批量生产可以理解为量产或大数量订单，在一些大批量的订单生产完成后，生产部门对大批量订单的物料成本、人工成本、良品率、能耗等生产成本数据进行核算。由于数量不同，员工操作熟练程度不同，造成各种成本的比例也产生了变化。

这次对标的应用包括通过产品的阶梯核算和阶梯报价获得市场竞争优势，找到批量生产成本降低的突破点以获得更多利润，检视生产管理中成本管理水平和报价数据的准确性，用于提升生产成本管理和再次报价的调整。

前两次内部对标由生产部门主导，财务部门需要提供协助，并监督对标工作的执行。

第三次对标是财务部门主导，针对降本增效活动调整后的工作，将所有发生的费用和成本再次核对。包括营销费用、管理费用、财务费用、人工成本、物料成本、制造费用、税费等，以验证产品利润水平，再次找到降本的改善点和新的利润空间。

四是规范成本核算，通过成本核算数据找到成本管理中的问题点，跟踪问题解决。财务部门规范成本核算的重点是规范前端的流程和原始表单，对不规范或不符合成本核算要求的环节进行纠正。财务部门通过成本核算数据，指出成本和费用中的问题点，提出成本和费用的降本增效要求，由责任部门主导降低，财务部门跟踪检查，并将产生的效果定期公布。对责任部门提出的降本增效数据变化,用财务数据加以验证。

五是财务部门通过和相关部门的共同协作,提升运营效率,降低公司总成本。这里是指财务部门主动与各成本执行部门、管理部门共同协作,降低某一项成本或某一项费用。

某中型企业财务部门,通过与供应链的协作,规范公司快递及物流管理,每年至少为企业节约物流费用60万元。某大型企业财务部门,通过与人力资源部协作,与员工协商一致,规范员工离职时间,每年为企业节约社保费用约50万元。某大型企业财务部门,通过与生产部门的协作,有效控制辅料用量和辅料质量,每年为企业节约近200万元。

总之,财务部门的降本增效作用主要体现在财务合规、低风险的基础上,充分发挥部门职能,参与报价,监督各项成本和费用的变化,根据企业实际状况,或参与推动,或主导推动降本增效活动。

二、生产部门如何找到降本增效思路?

本节降本增效切入点

- 生产部门降本增效的思路,第一是建立降本增效活动的数据化基础。
- 建立降本增效数据化基础,生产管理人员需要克服自己的经验情结和畏难情绪。
- 生产部门降本增效的思路,第二是从降低物料成本开始。
- 生产部门在物料降本中,找到每一种物料的降本控制点,抓住关键物料。

- 生产部门降本增效的思路，第三是合理控制人工成本。
- 在人工成本的降低中，选择增加各种资源投资的解决方式，既要计算短期的投资，也要计算长期的收益。
- 生产部门降本增效的思路，第四是降低制造费用的产生。
- 生产部门降本增效的思路，第五是通过提升效率和品质实现降本增效。

提问：我是一名印刷企业的生产经理，在公司工作了十多年，大家一般认为生产部门非常容易提出降本增效措施，但我们目前只提出了个别措施，还没有找到生产部门整体降本增效的思路，请老师给予指导。

答：生产部门管辖的范围较大，涉及的管理要素较多。从表面上看，生产部门到处都可以降本增效，可以执行的降本增效动作非常多。针对这个问题，几乎每个人都能发表一番言论。正如一则管理小故事，董事长问："谁能说说公司目前存在什么问题？"100多个人举手！接着问："谁能说说背后的原因？"有一半的人不再举手！再问："谁能告诉我解决方案？"不到20人举手！继续问："有谁想动手试一下？"结果只剩下了5个人！

降本问题也一样，议论者千，知因者百，有法者十，执行有效者寥寥。如果没有厘清降本增效思路，面对各种复杂的声音，可能会陷入"眉毛胡子一把抓"的境地。建议生产部门在推行降本增效活动之前，先学习简单的财务知识和成本概念，如物料成本、人工成本、制造费用等，了解这些成本在生产中所包含的范围和每一项成本的构成。针对生产部的降本增效思路和降本增效动作，有以下几条重要建议：

第一条建议是建立降本增效活动的数据化基础。有人认为生产部门的降本增效活动应从改变各种肉眼可见的浪费现象入手，将这些浪费现象杜绝了，生产部门的成本就完全降低了。这种说法其实并不准确，带有浓重的经验主义色彩和传统领导式管理印迹，有一定的片面性，容易形成只做"表面文章"的局面。

生产部在降本活动开始之前，需建立本部门的基础性降本增效数据。企业的财务成本数据需转换为生产部门的成本数据，至少应将成本数据分解到各生产车间，帮助各生产车间了解自己的成本现状，从而找到降本增效的重点。如果不能从财务成本数据中直接分解各生产部门数据，需要各生产部门先行统计并建立自己的成本数据，如物料成本数据，可以与财务部门、PMC部协作，从物料的领用、发放，再到入库，结合损耗率，明确正常领料及异常领料数据，统计出本车间的物料成本。数据统计出来后，根据公司要求设定物料成本控制目标。如果实际现状与控制目标相差较大，可以设置阶段性目标递进达成。如物料超耗率公司目标为<0.3%，目标现状是4%，两者差异较大，可以设置每3个月或每6个月的物料损耗率阶段性降低目标，第一阶段物料超耗率目标为<3%，第二阶段物料超耗率目标为<2%，第三阶段物料超耗率目标为<1%，第四阶段物料超耗率目标为<0.3%。

建立降本增效数据化基础，生产管理人员需要克服经验情结和畏难情绪，深入成本数据和效率数据统计过程，不因个体或局面的特殊性，否认降本增效数据的普遍性。可以说，没有成本数据和效率数据做基础，降本增效活动将失去改善的方向，后期将缺乏评价的标准，也难以推动降本增效活动形成良性闭循环，难以形成日常管理行为。

第二条建议是降本增效从降低物料成本开始。生产部门有了数据后，可以优先考虑降低物料成本，物料成本一般金额较大，容易观察到数量变化，还可以避免人际关系矛盾。

在降低物料成本前，可以将所有物料罗列出来，分别找出各物料的现状数据和目标数据，根据物料特性，找到每一种物料的成本降低方法，从来料、质量、搬运、机器、模具、加工、生产前准备、生产中、生产后、废料处理等各个环节找到降本控制点，也可以召集内部人员讨论这些问题的产生原因、过程和现状，从中找到降本控制点。在找到所有的控制点后，生产部门须明确降本控制动作、责任人、监督人、执行时间、激励措施，形成物料降本计划。

同时，在企业物料中存在一种现象：有一项物料是主要物料，只要抓住这一项关键物料，其他的物料同步受到控制。如某印刷厂有薄膜、油墨、溶剂、胶水、包材等物料，这里的关键物料是薄膜，油墨、溶剂、胶水都依附它而存在，控制了薄膜的发放和领用，其他的物料就会随着它的用量变动而变动。

第三条建议是合理控制人工成本。 控制人工成本可以通过控制人员编制、优化生产组织、绩效考核激励、调整薪酬制度、增加人员收入、减少人员数量等方式实现。降低人工成本可以通过增加机器设备数量、添加辅助设备、提高机器设备的集成化程度、提高机器设备的自动化程度、使用机器人技术、人工智能等方式实现。这里需要综合评估，既要计算短期增加的投资，也要计算长期得到的收益。有的企业一听到需要增加投入就立即否定这项措施，这种做法显然不太正确，评估后的收益才是决策的主要依据。

提高员工培训密度和质量，增加在职多能工数量；积极研究和改善各种生产工具，提高工具自动化程度，减少人工参与；对部分工序采用外发加工的方式管理；对部分工序采用局部承包的方式生产。这些都是控制人工成本的合理举措。

第四条建议是降低制造费用。 在找到物料成本和人工成本的降本思路后，还需关注生产管理人员非常容易忽视的一项支出——制造费用。它包括的类别较多，在大多数企业生产部门可以控制的类别中，制造费用是除了一线员工外的生产人员费用、能耗费用、辅料及低值易耗品等。制造费用的降本思路是将这些费用细分，转化到生产过程中去，找到它们的发生时机和浪费现象，针对问题找到控制措施，如替代方案、节约方案、以旧换新等，然后用数据验证控制措施的有效性。

第五条建议是通过提升效率和品质实现降本增效。在生产过程中，提高效率同样可以降本增效。如果投入的成本不变，产出的数量更多、价值更高，那么成本自然降低。提升质量也是如此，在投入成本不变的情况下，产出了更多数量的良品，成本同样被降低。所以，效率提升计划和品质提升计划可以视为降本增效的一部分。

作为生产经理，重视领导层的意见，关注协作部门的建议，考虑基层生产管理人员的想法，听取一线员工的声音，运用合理化建议、专题会议、个别访谈等方式，获取更多的信息，获得更多的帮助，赢得更多的支持，对降本增效思路、降本动作的形成，以及后续降本增效活动的推行，都有良好的推动作用。

三、PMC部如何通过部门运作实现降本增效？

本节降本增效切入点

- 企业实现降本增效，一定要将PMC部的部门运作和降本增效联系在一起。

- PMC部通过控制成本和控制资源，帮助企业实现降本增效。
- 物控与成本控制、资源控制有密切关系，物控的每一步运作都与物料的流动有直接关系，物料的流动背后是现金流，物控工作到位意味着部分现金流受控。
- 生管与成本控制、资源控制有密切关系，生管的运作能够减少成品积压，控制制造成本，控制人工成本，控制生产效率。
- PMC部的良好运作和职能良好发挥，能够提升库存周转率、资金周转率，增加现金流。
- 生管和物控的工作管理到位，是成本准确核算的前提。

提问：我是PMC部负责人，部门人员包括生管、物控，我们部门较少直接接触财务，在交期上PMC部可以发挥良好作用，在物料控制上能够起到一些作用，感觉在其他方面降本增效工作作用不大，PMC部如何实现降本增效？

答：从表面看，PMC部与财务产生关系的频率并不如采购部、生产部、人力资源部等部门，但作为经营者和部门负责人，实现降本增效不可避免地要将PMC部的部门运作和降本增效联系在一起。PMC部以成本控制为主要表现形式，通过对成本控制和资源控制帮助企业实现降本增效。如果将企业比喻成一个人，那么PMC部就是中枢神经系统，成本好比人体中的血液，两者无论缺了哪一方都不容易生存。

PMC部工作做得如何，直接影响到成本控制和资源控制的水平，经营管理者必须以成本控制和资源控制的眼光理解PMC部的工作。以下从三个方面简述PMC部与成本的关系。

一是物控与成本控制、资源控制的关系。在企业管理活动中，PMC部物控的主要功能有：物料的分析、计算、请购、跟催、发料控制、退料控制、报废控制，如果物控人员让这些功能正常发挥就可以实现成本控制和资源控制。例如，从成本控制的角度出发，根据行业不同，一般企业的物料成本约占总成本的30%~70%，控制了这个"大头"，就抓住了成本里最具分量的东西。下面通过物控功能看成本和资源是如何被控制的。

1. 物料分析

从物料管理的角度，除了技术部门给出的物料规格、基本属性外，物控人员还要给每一种物料再赋予一个属性，即按物料的价格、用量、用途，从成本上直接与物料挂钩。以A类物料为例，采购员和仓管员在处理A类物料时会予以重视，A类物料的金额通常占原材料仓存金额的50%左右，这样就可以抓住主要的成本，明确物料管理的重点。

从成本的角度，物控人员对物料的加工方式做出选择，如委外加工或自制，除了技术人员给出的判定外，物控人员应从成本方面和资源控制方面考虑，提出自己的建议，促使加工成本从一开始就降低。

2. 物料的计算、请购、跟催

相当一部分中小企业还停留在不欠料的层面，甚至身陷欠料之中，这与物控人员的物料需求计划是否准确密切相关。物料需求计划解决了买什么物料、买多少数量、什么时间送到的问题，控制住采购源头不随意采购物料。准确的物料需求计划是不囤料、不欠料、不待料、不积压物料，这是节约物料成本的方法之一。当然，除了物料需求计划外，物控还要将物料追踪回来，使这些物料做到准时到厂。

3. 发料、退料的控制

除了生产部门的正常领料外，还需关注物料在工单以外的损耗，损耗率由技术部门给出，或由物控人员主导，与相关部门一起制定。超过标准损耗的物料要不要发放？责任部门是哪一个？责任人是谁？物控人员通过发料流程都可以监控。同时，物控人员还可以监控仓库的账物卡准确率，避免产生账物卡不一致现象。

4.报废

物料的正常、不正常报废都必须经过物控人员的签名方可处理。物控人员要对进料不合格品、制程不良品、不良成品的处理方式进行监控，以减少物料的最终损失。

5.物控与资金之间的关系小结

请购失控会造成多买物料，物控可以防止将现金变多余库存；采购失控会造成物料到达不及时，物控可以防止物流（现金流）流转速度慢；采购物料的来料品质不良，物控可以防止现金变成不良品、呆滞品；仓库管理失控会造成车间多领料，物控可以防止现金额外流到车间；物料损耗失控会造成多损耗物料，物控可以阻止现金不合理地浪费。

二是生管与成本控制、资源控制的关系。

1.产销平衡控制成品库存成本

生管的作用之一是促进产销平衡，通过生产计划让生产部门制造客户需要的东西，这是企业的目标之一，但有的企业产品堆积如山，有无数产品是不按计划生产出来的库存。生管要通过产能分析、生产协调，促使产销平衡，减少成品积压，控制成本，实现增效。

2.合理生产，控制制造成本

编制合理的生产计划是生管的基本功能。生管要考虑到人、机、料、法、环这五个因素，解决生产什么、生产多少、什么时候完成这三个问题，避免无序生产、盲目指挥。生产计划是企业日常投入资源最多的"战场"，减少不正确的生产计划，就是控制了企业日常最大的成本，控制了最大的资源不浪费。

3.做好生产计划，控制人工成本

生管员对生产进行规划，提供准确的生产计划，可以统筹车间人员编制，把握生产节奏，控制生产加班工时，对人工成本的控制有积极作用。

4.控制生产效率，节约成本

生管的介入使生产部门不能随心所欲，并且结合标准工时，可以准确地计算出每个产品、每个零件的周期。生产部门效率不高的问题，通过生产日报表、生产计划达成率的统计可以暴露出来，追究未达成原因、未达成责任，逐步要求达成生产计划，提高产出。

三是PMC部与库存周转率的关系。 PMC部通过不断降低物料库存金额、半成品库存金额、成品库存金额，通过缩短产品生产周期，通过呆滞料的处理与防止，促进库存周转率的提升，从而间接促进资金周转率的提升，为企业带来更多的资金流。

实际上，除了生管、物控的功能外，与成本相关的表单大多数与生管、物控密切相关，只有这两个岗位做到位，成本核算才能准确。可以说，PMC部做得好，可以实现在降本中增效，PMC部与降本增效密不可分。

四、工艺部门该如何实现降本增效？

本节降本增效切入点

- 建立正确的工艺标准，减少批量不良的产生，是工艺部门的第一要务。
- 工艺问题导致的不良，会让客户质疑产品的可靠性，降低对企业的信任度。

- 捕捉产品试产转量产的降本机会,通过工艺改善实现降本增效。
- 检查工艺标准的落实,减少工艺执行原因产生的产品不良。
- 工艺部协助生产解决制程异常问题,在生产过程中降低成本。
- 工艺部严格确认工艺变更,避免呆滞物料产生,减少不必要的浪费。
- 工艺部协助营销部门提供售前、售后技术支持,增加销售机会,减少客户抱怨。
- 工艺部关注行业及跨界新技术、新材料、新工艺,通过工艺创新实现颠覆性降本增效。

提问:我们是技术中心下属的工艺部门,以后划归制造中心管理。众所周知,研发部门通过设计对降本增效直接产生作用,我们的工艺该如何发挥作用,实现降本增效?

答:有的企业将工艺部门称为工程部或工艺工程部,它与批量生产的部门联系密切。工艺部门一般可以通过以下几点实现降本增效。

一是建立正确的工艺标准,减少批量不良的产生。建立正确的工艺标准,可以为企业的产品质量保驾护航,一定程度上实现了工艺对成本的控制,因而是工艺部门的第一要务。以企业的产品流转到客户生产线后出现不良产品为例,如果是色差、局部微瑕等表面不良的产品,客户会认为是疏忽或检验不到位导致,一般会给予企业改善的机会;如果是工艺问题导致的不良,客户会质疑所有产品的可靠性,对企业产生极大的不信任,严重情况下会丢失订单,甚至被客户取消供应资格,使企业失去发展机会。下面是一家企业因工艺不严谨造成严重后果的案例。

案例 32

忽视工艺严谨性　丢失国外大订单

D企业是一家生产食品饮料的企业，其中一部分产品以货柜运输的方式出口国外。企业的产品研发和工艺部门统称为技术部，无论是产品开发还是工艺配方，都由技术部经理确认完成。其中，一款代号为A0011的产品，由于设计良好、工艺配方准确，符合一大部分国外消费者的口味和需求，在国外迅速打开销路，每月出货量不少于10个货柜。

在按照客户需求新设计的代号为A0012的产品中，技术部经理在A0011产品的基础上，更改了原有的工艺配方。由于客户需求紧急，技术部只对新的工艺配方进行了小范围试验，将产品放置7天，未达到15天标准放置期的情况下，技术部经理认定新工艺符合标准。在实验完成后，技术部发行了新的工艺文件，除A0012产品外，将原A0011产品同时修改为新的工艺配方，便于统一领料、统一生产。新工艺文件由技术部经理审核，总经理批准。

新工艺发行后，生产部根据新的工艺配方，按国外订单需求各生产了10个货柜的A0011、A0012产品。这批产品投放国外市场后逐渐出现分层，由于饮料瓶的颜色遮挡，消费者并未察觉这一问题，但部分消费者饮用后出现了身体不舒服的现象。经相关机构查明，确认由饮料质量问题造成。而企业的部分库存品，打开后同样出现了分层现象，经技术部再次试验、按规定放置，产品出现了分层现象，确认属于工艺配方问题。

> D企业在承担了相关赔偿费用后，产品在当地被销毁，持续出口订单被取消，出口市场停滞不前，企业发展受阻。

二是捕捉产品试产转量产的降本机会，通过工艺改善实现降本增效。在产品试产前，企业重点解决产品生产的可行性问题，如材料的选择、工艺的设计、模具的设计、包装方式等，成本不是重点考虑的项目。在产品试产过程中，企业重点解决设计遗留的各种问题和产品的可批量生产性，如试产设计的验证、试产问题点及对策、试产多个问题点的改善方式、试产品的良品率、试产品的生产效率等，成本也不是重点考虑的对象。在产品试产后，企业重点解决工艺锁定及文件输出的正确性和准确性问题，如作业指导书、工艺标准、检验标准、试产总结报告等，成本仍不是重点考虑的对象。因此，大部分企业工艺降本增效的机会，存在于产品试产转量产后、批量生产之初，工艺改善的起点也在这里。这里的降本增效机会较少被重视，是企业降本增效中的一大片"金矿"，值得公司领导提供支持和激励。

如笔者辅导的降本项目企业中，一般根据企业实际状况，要求工艺部门对工艺进行改善实现降本增效，降本增效目标为全年销售额的2%~3%，完成后企业给予工艺部门丰厚奖励。

三是检查工艺标准的落实，减少工艺执行原因产生的不良产品。有了正确的工艺标准，工艺部门还需检查工艺标准是否准确落实，如实际操作是否按工艺标准进行、物料的取放是否按标准执行、工装是否适合生产、设备参数设置问题、模具使用问题、工艺部给出的标准是否存在问题等。如某企业产品工艺标准中，第三段温度管制标准为80℃±5℃，实际开机生产温度为95℃，增加了不良产品数量；某企业攻牙工序，工艺标准要求每5模刷1次煤油，操作者每10模、15模才刷1次煤油，生产后检验发现产品尺寸不符，最终全检挑选出货，不良品报废，增加了品质成本；某企业A产品工艺标准机速上限为110米/分钟，操作者为增加产量，实际机速按130米/分钟进行生产，增加了产品隐患，容易产生批量不良产品。无论是未按工艺标准操作，还是工艺标准有偏差，如果只在办公室里制定工艺，不到现场检查工艺落实情况，这些问题都难以被发现。

四是协助生产解决制程异常问题，在生产过程中降低成本。 在制程异常问题解决上，工艺部门有着不可替代的作用，需要注意区分哪些制程异常由生产部主导处理，哪些制程异常由工艺部主导处理。在解决制程异常的同时，工艺部判定责任，给出明确处理意见，通过工艺手段减少异常发生，降低生产过程中的成本。

五是严谨确认工艺变更，避免呆滞物料产生，减少不必要的浪费。 工艺变更在企业里较少出现，但每一次工艺变更背后都影响着大量成本的变化。稍有不慎，便会给企业带来损失。

案例 33

工艺变更粗放　车间多次返工

某机械企业在一次工艺变更中，增加了一块大型档板的多个孔位，原因是设计时未考虑到少部分客户的加工需要。接到变更通知后，车间对现有库存大档板进行钻孔返工，每天只能加工8块，耗时约两周。两周后，机加工车间在会议上反映，最新交货到厂的大档板孔位还是变更前的状况，一部分孔位完全没有加工到，品管部确认属实。

经查明，本次工艺变更，工程部仅发变更通知到生产部门，没有考虑到零件加工厂，也没有发信息通知采购部。由于交期紧张，企业不得不使用这一批大档板，由机加工车间负责返工，返工多耗用120个工时。

一个月后，工程部在解决一次重大制程异常时发现，在一些要求较高的情况下，大档板的强度还不够，存在品质隐患。为解决该隐患，增加了大档板热处理的工艺要求。两个月后，原有机器升级，要求变更并增加大档板的孔位，工程部在通知变更时，未考虑到热处理加工厂存放的零件，导致该批零件再次热处理后孔位没有增加。

当该批大档板交货后，品质部检验发现孔位不正确。公司领导考虑到零件价值较高，报废损失太大，决定由机加工车间自行返工后使用。热处理后的大档板孔位加工困难，工人不愿意加工，每天仅加工两块，累计返工约300个工时。

在案例33中，工艺设计不周全，工艺变更不彻底，多次工艺变更，未能综合考虑到在制品、在库品、在途品的处理方式，增加了大量返工工时，给各部门工作带来麻烦，造成了不必要的损失。

六是协助营销部门提供售前、售后技术支持，增加销售机会，减少客户抱怨。 售前支持不仅包括销售人员要求参与客户技术谈判和技术交流的单次活动，更包括主动上门，定期和客户交流工艺应用等技术活动，主动提出新的工艺方案供客户选择，在产品研发前技术介入，优先建立配套的工艺、技术，以及工艺和技术壁垒，从而争取更多的商业机会，体现更高的工艺技术价值。

售后技术支持的价值不仅体现在技术问题的解决上，更体现在由于售后技术支持到位而获取更多的商业机会上。如某设备企业售后服务良好，技术支持到位，除了为公司增加销量外，还开辟了一条维修同行业设备的增收之路。

七是关注行业及跨界新技术、新材料、新工艺，通过工艺创新实现颠覆性降本增效。 工艺部门应密切关注本行业新材料、新工艺、新技术的产生和发展趋势，从供应链的角度、行业的角度、产业链的高度看待它们，必要时，学习和借鉴跨界新技术、新工艺、新材料。如某企业通过工艺微创新，合并减少了一道工序，每年为企业降本增效数百万元；某企业通过颠覆性工艺创新，在产量不变的情况，原有人力减少70%以上。据知情人士透露，特斯拉后底板总成系统一体化压铸技术的"超级铸造"灵感来源于玩具车。

以上说明了工艺部门是降本增效活动中的"放大器"。

五、采购部门如何促进企业降本增效？

本节降本增效切入点

- 采购为企业未来战略机会提供参考，间接影响企业战略进程。
- 采购部影响职能层的战略、技术研发的职能战略、生产部的职能战略、营销部的职能战略，以及企业整体的降本增效成本。

- 在经营方面，采购影响企业价值链的整体绩效，对成本、利润、资金都有正面影响。
- 采购部通过提高物料准交率，提升整体运营效率。
- 采购部通过提高采购来料质量，提高降本增效的速度。
- 采购部通过落实采购物料降价，直接体现降本增效的价值。
- 采购部通过采购管理优化，为降本增效打下良好基础。
- 采购管理优化包括：采购流程、物料种类、采购数量、供应商数量、供应商等级、物料交付周期等的优化。
- 采购部通过找到先进的设备和新材料，为降本增效提速。
- 采购降本增效，上接战略下接利润，是企业降本增效的关键环节。

提问：采购部除了要求供应商降价外，降本增效方面可以做的工作似乎不多，还有哪些可以降本增效的地方？

答：采购部发挥降本增效作用，需考虑采购部的影响力，这对企业的战略、管理、经营都会产生深远影响。采购部对企业战略层面有三个方面的影响。

一是采购为企业未来战略机会提供参考。大多数企业做强、做大后，一般会朝着一体化方向发展，向行业的上下游延伸，或向本行业相关联的产业延伸，当然也存在多元化发展的战略。向供应商采购，可以通过供应商、供应链、产业链了解一些前瞻性信息。当本行业饱和后，未来企业是往上游继续发展，还是向下游发展，它们的现状、问题、机会是什么，会给企业方向性的参考。

二是采购部影响职能层的战略。一方面影响技术研发的职能战略，如一家配件企业有模具工厂、注塑工厂、五金压铸工厂，企业老板说所谓技术就是个伪命题！因为机器设备制造和调机的技术由设备商掌握，材料的技术由胶粒厂和合金原料厂掌握，企业唯一有的模具技术相对容易标准化，珠三角地区不缺模具技术，所以采购部找到合适的新机器、合适的新材料，会影响企业的技术研发战略。研发部门和采购部门经常因为新供应商开发问题产生矛盾，如采购部门没有足够数量的储备供应商供研发选择，或与研发需求相匹配的供应商数量不够。解决方式是采购部储备足够多、不同等级的供应商形成采购部供应数据库，供研发部选择；或由研发部门开发供应商；或两种形式在一定条件下共存。

另一方面影响生产部的职能战略，物料的采购水平与企业产品的契合程度影响生产部的生产方式，如选择全加工还是半加工，或者整个产品只需换包装贴牌。下面是企业采购部影响营销战略的案例。

案例34

调整采购战略　企业扭亏为盈

2014年，笔者调研了有200多名员工的跨国企业T企业，该企业在经营亏损情况下通过调整采购战略使企业实现了盈利。T企业自有厂房、注塑车间、装配车间，主要生产贴牌手机和手机周边配件，向东南亚区域销售，在国外设立了独立的销售部和部分独立区域性品牌，在一些销售渠道中有定价权。

在一位朋友引荐下，笔者见到了有些苦恼的企业老板，老板认为，企业在行业内有一定规模，销售有一定优势，报价的是有利润的产品但财务部核算出来却是亏损，生意看似红火实际却是赔本赚吆喝。

经过详细调研，笔者发现了亏损的主要原因。经财务核算，企业部分自制配件的总成本高于采购部外购价格15%以上，并且出现质量不达标、退货数量多等问题，部分装配产品也存在类似问题，工厂装配成本高于采购价格10%以上。

在仔细核算上述成本后，笔者提出了调整采购战略的建议。重视采购部的战略功能，将原计划缩编的采购部由2人扩编到5人；注塑车间部分亏损产品停止生产，由采购部直接外购；无利润的部分注塑产品限期由工厂实行降本达标，到期未达到成本目标自动停止生产；停止生产后的注塑区域考虑引进外部人员承包，在达到成本价后，采购部按市场价采购。

装配生产线采取了与注塑车间类似的做法，装配生产线关闭后短期内不再启用，多出的人力优先安排跟进外发厂的交货进度和质量。

上述调整将自制部分由90%降低到40%，剩下的相关配件、半成品、成品统一由采购部外购。也就是采购部采用扩张战略，生产部采取缩减战略。老板经过一个月的慎重考虑，同意了这次重大调整，企业在调整后的第三个月实现了盈利。

三是采购部是外部环境的"感知器"，间接影响企业战略进程。"春江水暖鸭先知"，采购部在与大量供应商接触的过程中，通过供应商的反馈，可以判断所处行业的环境，包括供应商的一些战略性调整，企业将这些信息收集后，可以为企业的战略分析、战略制定、战略实施、战略评价与控制等提供依据，也可以根据供应商的调整信息作出相应调整。

采购部对管理的影响主要体现在效率和质量上。生产人员特别是一些装配型、有自主品牌的企业生产人员大多深有体会，它会影响生产效率，采购部如果做不好会产生欠料，导致生产难以顺畅开展，最终降低生产效率；它会影响产品质量，来料的质量决定了产品质量。

采购部对经营的影响之一体现在影响价值链的整体绩效，供应链指内外的供应链，采购部如果做不好，可能找不到合适的供应商，或者供应商供应质量不佳，或者供应的交期不准，或者供应商不能提供相匹配的服务。由于该环节的一些瓶颈，导致企业供应链整体不能实现良性循环，进而使企业整个价值链的收益降低。

采购部对经营的影响之二体现在对成本、利润、资金的影响。"买不到利就卖不到利"，有优势的采购价格为企业竞争打下良好的竞争基础。采购部产生的降本实际约等于纯利润，采购部每降低1元钱成本，相当于赢得了1元钱的利润，而这1元钱的利润通常需要10倍以上的销售额获得。

采购部对经营的影响之三体现在采购的交易金额较大，影响企业现金流。以年营收1亿元的企业为例，每年的采购金额一般在5000万元至6000万元，涉及金额较大。合理的筹划将为企业带来良好的资金流。

采购部的降本增效工作，有五个要点。一是提高物料准交率，提升整体运营效率。物料准交率提升，促进生产效率提高，产品周期缩短，库存物料减少，库存周转率提升，资金周转率提升，现金流占用减少，总成本降低，相关效益增加。在实际操作中，一些采购员难以提升物料准交率，原因主要是未掌握信息、缺少跟踪进度的方法、信念不坚定。下面是一家企业物料准交率连续3个月达到100%的案例。

案例 35

物料准交率连续3个月达100%的做法

P公司是笔者在2009年辅导的一家机械企业，企业规模每年至少增长30%以上，处于由经验型管理向规范化管理的转型扩张阶段。在第一阶段7个月的辅导过程中，采购部的表现令人印象深刻。

经调研，该企业采购准交率不足50%，严重影响了生产进度和产品交付周期，大量物料不能配套，大量产出的半成品被迫形成库存，影响了企业的现金流。

采购部共有5位女采购员，对内部熟悉但对供应商不太熟悉，缺乏采购专业知识，面对不断增加的工作量和突如其来的各种异常状况，只能通过加班加点工作，在不断争吵和领导们的协调中解决。调研发现，欠料原因不是采购员不能将物料准时跟催回厂，而是她们没有准确信息，甚至不知道今天哪些物料需要到厂，等到车间报出欠料后，采购再去跟催，时间已经滞后，只能通知供应商加急处理，最后急件太多，供应商无能为力。这也是一部分企业物料不能准交的主要原因。

笔者指导企业迅速成立了PMC部，设立物控岗位，完善物控职能，在企业推行每天上午召开生产协调会和每天下午安排物控、各采购员、仓管员再次召开物料协调会等措施，核对当天物料到货数量及状态，明确未来1天、3天、7天的物料需求和供应状态，用于指导采购员的工作，以及对生产协调会的有益补充。调整后第2个月，物料准交率达到75%，距离最终目标98%还有较大差距。经过分析，笔者为采购部提供了新的物料进度跟催思路，建议采购员将所负责的供应商分为三类管理。

第一类是"自动交货"供应商，只要采购下了订单，一定能够按承诺的交期准时交货，一般交付状况非常稳定，有异常会提前告知采购。对这类供应商，在采购周期的中期、交期前一天各打一次催货电话即可。

第二类是"手动交货"供应商，每次下采购订单，物料交期都不准时，需要多次电话跟催才能准时交货。对这类供应商，每天打一次催货电话并询问生产进度，来不及交货的直接减少采购订单数量或更换新供应商。

第三类是"半自动交货"供应商，处于第一类供应商和第二类供应商之间，这类供应商最多，也是最不稳定的因素，物料准交率的提升和跟催工作量的减少取决于这类供应商。对这类供应商，根据采购周期每两天打一次催货电话；对于业务人员承诺准交但实际不能准交的供应商，一律向企业高管或老板投诉，必要时约谈老板到厂沟通；对于没有改进的供应商进行扣款处理或更换新供应商，争取让这些供应商成为第一类供应商；对于交期一直不改进，采购部谈判无果，暂时无法更换的供应商，提供名单及交货数据，由公司高层领导出面谈判，同时积极开发新供应商。这种分类跟催进度的方法，至今仍然有用。

笔者同时告诉各采购员："我们不一定能成为供应商最大的客户，但是如果成为他们众多客户中跟催进度最频繁的那一家，就能够有效准交。"

> 经过上述思路调整，两个月后，物料准交率迅速提升到95%以上。采购部门内部订立的目标是100%，为了实现这一目标，笔者多次看到采购员在晚上十点多、十一点多到门卫室收货或确认物料是否到达，确保当天物料100%准交。在第4个月，物料准交率达到了100%，高层领导知道后大为感动，在员工大会上给予集体表彰和物质激励，号召全体员工向她们学习。
>
> 在公司表彰激励下，之后的两个月，物料准交率都保持了100%。

二是提升采购来料质量，提高降本增效的速度。来料质量影响效率和成本，制约着降本增效的速度。来料质量与采购员相关，一些企业直接将来料合格率与采购员绩效挂钩，目前还有一小部分采购人员不理解、不认可这种做法，认为自己不懂来料质量也不能左右供应商的质量。

作为供应商联络的总窗口，采购部具备供应商准入评审权、供应商单价评估权、采购数量调整权、供应商评价权、供应商调整与选择建议权等，对供应商的质量可以直接施加各种压力，对来料质量产生正面积极影响，所以来料质量考核中采购员并无不当。在提升来料质量方面，采购部可以通过选择品质优良的供应商、辅导供应商、供应商评价、更换供应商等方式提升来料质量，其中辅导供应商值得广大中小企业深入探索，具体做法详见《制造业成本倍减42法》第8法供应商辅导法及案例15，部分品质提升思路可以直接借鉴。

三是落实采购物料降价策略，直接体现降本增效的价值。采购降价的基本原理是运用采购决策矩阵（又称卡拉杰克矩阵，见图2）对物料进行分类，对不同的分类运用不同的采购策略。

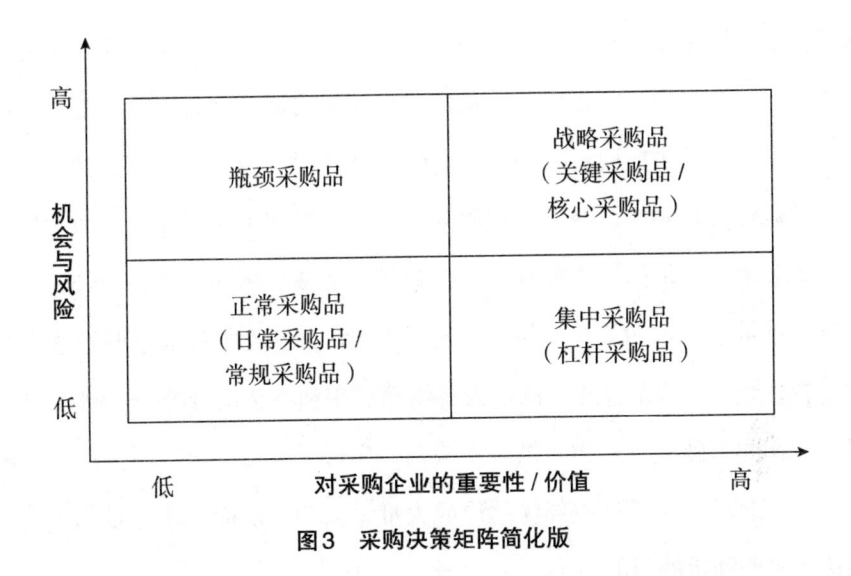

```
高 ┌─────────────┬─────────────┐
   │             │   战略采购品  │
   │  瓶颈采购品  │ （关键采购品/ │
机 │             │   核心采购品） │
会 ├─────────────┼─────────────┤
与 │   正常采购品  │             │
风 │ （日常采购品/ │  集中采购品  │
险 │   常规采购品） │ （杠杆采购品）│
低 └─────────────┴─────────────┘
   低    对采购企业的重要性/价值    高
```

图3　采购决策矩阵简化版

对于战略采购品，企业与供应商之间形成战略合作关系，在采购策略上减少供应商数量，在采购模式上主要采用定位采购和比价采购。对于瓶颈采购品，企业与供应商之间形成战略合作关系或长期合作关系，在采购策略上不断寻找替代品、开发新供应商，在采购模式上主要采用成本核算采购和移库采购。对于正常采购品，企业与供应商之间形成交易关系，在采购策略上采取减少供应商数量的标准化采购，在采购模式上主要采用比价采购、招标采购等。对于集中采购品，利用杠杆关系，与部分供应商形成长期合作关系，与部分供应商形成交易关系，在采购策略上以量制价、不断增加谈判优势，在采购模式上主要采用分配采购、现金采购等。

具体的采购降价方法市面上至少有12种，笔者对在实践中常用、易操作的6种采购降价方法在《制造业成本倍减42法》"第21法　采购降本法"中，有详细叙述和配套案例。

需注意的是，不要轻易忽视采购降价，它有较大的潜力可以挖掘。

四是优化采购管理，为降本增效打下良好基础。这是采购管理中容易忽视的系统性基础因素，可以分为内部优化和外部优化两种。其中内部优化主要有三个方面，一是优化采购流程，缩短内部处理时间，将更多的生产时间留给外部供应商。有的企业过于注重流程的控制性和完整性，忽视了流程运行的时间性，降低了整体效率，直接增加了时间成本，间接增加了经济成本。二是优化物料种类，企业尽可能减少物料种类和型号，便于供应商批量生产。如某企业年销售额约1亿元，企业所有纸箱型号达到35种左右，经统一规范合并，调整为将纸箱通用和特殊型号统一控制在15种以内。在此基础上，采购与供应商谈判，实现了纸箱降价。三是优化采购数量，企业尽可能通过内部优化形成大批量采购，从而实现以量制价，最终达到采购降价的目的。

采购管理的外部优化也包括三个方面。一是优化供应商数量，在保证供应链安全的前提下，尽可能减少供应商数量。二是优化供应商等级，通过对供应商品质、交期、价格、服务等方面得分的统计，产生供应商ABC等级，采购部应不断采取措施促使B级供应商向A级供应商、C级供应商向B级供应商转变，每年制定供应商等级提升计划、供应商开发计划、供应商淘汰计划，以实质性的调整促进供应链的完善和采购降本。三是优化物料交付周期。交付周期不同于交期得分，交期得分指交期达标的程度得分，交付周期指供应商所交付物料的实际周期。如2023年某企业主要物料机架的供应商交付周期为15天，2024年采购部要求该物料交付周期缩短为12天，就需要供应商自身作出适当调整和改善。交付周期的优化优先关注最长采购周期物料、瓶颈物料、前置加工物料，它们对企业成品的生产周期有直接影响。物料交付周期的缩短，带动了产品生产周期缩短，提升了效率和交付，降低了整体库存，提升了库存周转率和资金周转率，推动了降本增效。

五是找到先进的设备和新材料，为降本增效提速。 先进的设备和新材料能够直接提升生产效率，降低营运成本投入。如某企业设备采购员通过寻找新供应商，发现一种新型机器可供企业使用，在质量稳定的基础上，将产品原有的3道工序缩短为1道工序，既提升了效率又节约了人力。而革命性的工艺往往来自跨界。如某电子元件企业，借鉴印刷行业黏度控制仪，顺利解决行业难题，大幅度降低了质量成本；某零件企业借用化工企业材料，实现多个工序的减少，既提升效率又降低了成本。

寻找先进设备和新材料的途径有参加各种展会、参加供应商技术交流会、参加行业交流会、到供应商处实地了解等。如果仅仅把采购工作停留在办公室里，就难以完成这一项重要工作。

六、综合办公室从哪些方面实现降本增效？

本节降本增效切入点

- 综合办可以通过人事管理职能的细分，在降本增效中推动工作。
- 综合办可以通过行政管理职能，在降本增效中推行相关工作。
- 综合办可以通过总务职能，在降本增效中控制费用支出，做好服务，减少异常产生。
- 综合办可以通过企业文化职能，带动企业各级人员在降本增效活动中转变。
- 通过项目申报，为企业争取合理的政策性补贴，是综合办降本增效工作的另一个方向。

- 综合办通过IT资讯管理，合理简化流程，减少时间成本和沟通成本，提升运营效率。

提问：我是企业综合办公室的负责人，负责人事、行政、后勤、企业文化等工作，别的部门降本增效都有可挖掘之处，我们部门却无从下手，该从哪些方面实现降本增效？

答：综合办公室（以下称"综合办"）的工作又多又杂，几乎到处都是花钱的地方，难以像其他部门一样，马上找到降本增效的切入点，但是仔细分析，综合办并不是在降本增效上毫无作为，从综合办的主要职能中，可以找到降本增效的切入点。

一是从人事管理职能着手，在人力资源规划方面，制定合理的人力资源目标和计划，做好人才储备和人才梯队建设，同时做好定岗定编，降低人力成本。在招聘方面，提升现有员工满意度，降低人员流失率；精准描述岗位需求，减少招聘时间和工作量；用最佳的方式招聘到合适的人员，减少招聘时间和人力浪费；不断优化招聘渠道，降低招聘成本。在培训方面，做好公司级培训，增加员工认同感，减少人员流失；督促各部门完成部门培训，提升员工素质和多能工数量，减少出错机会，提升整体工作效率。在薪酬福利方面，设计有竞争力的薪酬福利体系，激励现有员工积极工作，减少人才浪费；吸引外部优质人才，为企业发展助力。在绩效管理方面，制定有激励性的绩效考核制度，尽可能用数据化管理各级员工的工作过程和结果，从中识别优秀和不足点，为绩效改善提供正确反馈，从而改善企业绩效。在员工关系处理上，合法合规提高员工的满意度，减少负面反馈和人员流失，降低人员置换成本。部分企业的综合办参与薪资核算，综合办人员对考勤、计时、计件工资进行准确复核，合理控制加班费用，减少各部门不公平、不公正的薪资核算现象，树立良好的企业文化。

二是从行政管理职能着手，做到工作中不出差错，合理行使职责。如印章的规范使用、保密档案的保管与调取、会议的组织工作等。

三是从总务（也称后勤保障）职能着手，对全公司水电、食堂、办公用品、低值易耗品、快递、用车等费用及其他后勤费用进行合理控制，对厂区通道、地面、厂区各种设施、绿化、停车区、楼梯、电梯、洗手间等进行检查，确保设施和物品处于可用状态，保障日常事务顺利进行。对重大安全生产隐患及时排查，减少安全事故及工伤事故的发生次数和费用；对消防设备安排专人进行点检，消除消防隐患。对保安工作进行切实监督，保障人员、物品、财产的安全。做好食堂及人员的管理工作，保证食品安全和卫生，保证准时开餐；完善宿舍管理，提高员工满意度。此外，固定资产和用车管理都涉及一定的费用，需要进行精细化合理控制。

四是从企业文化职能着手，在企业文化活动中，注重活动的策划，做好活动前的准备工作和费用控制、预算，安排活动得当，使企业文化发挥应有的作用。如质量文化的宣传带动了一部分人员质量意识的转变，降本增效活动的宣传让一部分人员有所触动、有所行动，企业的技能评比活动让技术人员更注重技能的提升等。

除上述职能外，有的企业综合办还负责IT资讯的管理，可通过信息技术将部分工作简化，也可使全公司流程合理简化，减少对人工的依赖，同时提升沟通的便利性，增加信息传递的及时性和准确性，降低时间成本，帮助企业提升运营效率。有的企业综合办承担了项目申报事务，为综合办的降本增效工作提供了另一个方向。

综合办的工作虽然按部就班，常常是"幕后英雄"，似乎谁来担任部门负责人都差不多,实际上并非如此。下面是同一家企业的综合办由不同的人员来管理,在降本增效上出现较大差距的案例。

案例 36

从综合办降本增效50多万元中看差距

C企业是笔者近年来辅导的一个精细化降本增效的项目,在项目正式实施后,原企业综合办负责人因为达到退休年龄而离职。为了企业的正常运行和项目实施的需求,综合办负责人需要尽快选拔、任命。经项目组与企业方讨论,该职位采取内部竞聘的方式选拔。经过两轮评审,在公司工作多年、技术出身的小张勉强符合条件,被任命为综合办负责人。对于小张的上任,企业里众说纷纭,有人认为小张没有能力,有人认为小张有冲劲儿,有人认为小张可能适应不了综合办的事务。

在综合办的降本增效上,项目组第一阶段提出了综合办工作项目,主要包括:内部公用车辆改革降本,内部规范食堂管理、促进食堂承包降本。外部重启多年未申报的项目申报工作,争取再次获得补贴。

在公用车辆改革上,由于旧车辆年限已久、行驶公里数较大,每三年的维修费用几乎可以购买一辆新车,企业认同项目组提出旧车辆出售、购买新车的建议,小张办理了相关手续,没有遇到阻力。

在食堂管理上,小张仅推动了食堂的硬件费用投入。

在项目申报上,小张经常钻研各种文件,业余多番联系沟通熟人和同行,最终得出结论:由于公司目前存在各种原因,没有合适的项目可以申报。

两个多月后,由于与部门内部人员相处不佳,与平行部门沟通不顺畅,降本增效事务没有进展,小张以工作压力太大为由,向总经理提出辞去综合办负责人回到原部门工作的请求。总经理批准了他的请求,同时结合项目组意见,对综合办负责人进行外部招聘。

半个月后,小赵到岗担任综合办负责人。他找了负责食堂管理的行政人员,两人共同商议食堂的承包思路,由行政人员先和食堂人员初步谈判,未达成共识的内容再由他和厨师谈判,最后将谈判的条件和结果告知总经理。征得总经理同意后,双方达成共识,签订食堂承包合同,完成了食堂承包。这项工作,每年为企业节约超过14万元的成本。

在项目申报上,小赵找到了一项非常适合C企业的项目,经过与技术部、财务部、生产部的紧密合作,提交了相关的数据和资料,在两个月内顺利通过评审,为企业争取到了30万元的项目补贴。接下来,小赵又找到了两个项目申报,为企业获得了10多万元的奖励和荣誉。

上述降本增效运作产生的收益,相当于为企业多贡献了50多万元的纯利润。

综合办的事务大都是类似的内容,不同的人操作会产生不同的效果。

综上所述,综合办的降本增效工作可以归结为四方面:一是"服务"工作,用合理的成本提供合理的服务;二是"管理"工作,在提供服务的同时,管理服务中的浪费;三是"常规"的管理费用控制工作;四是"创新"的降本增效工作。方向是向内部"节流",或向外部"开源"。

第六章

不同岗位降本增效策略

第六章 不同岗位降本增效策略

一、老板只重视销售不重视成本，怎么办？

本节降本增效切入点

- 企业所处的生命周期不同，对待降本增效的态度不同，需要理性看待。
- 想要影响企业老板，一定要学会用数据说话。
- 运用一些企业经营的正面案例、负面案例促进企业老板观念的转变。
- 企业老板一些观念的根本性转变通常伴随着效益的改变，两者是相互促进的过程。

提问：我们企业老板有营销背景，只重视销售不重视成本，企业规模在逐步增大，利润却没有同步增长，怎样才能让老板转变观念重视成本呢？

答：对于这一问题，笔者有几条建议。企业高度重视营销，将营销放在工作首要位置是一种常见的观念和做法。长期以来，大部分企业老板都认可"火车跑得快，全靠车头带"的道理，营销便是这个"火车头"。加上多数老板有营销背景，他们擅长营销，也有浓厚的经验情结，所以重视营销，但并不意味着他们完全不重视成本。正确认识两者之间的关系，是企业经营管理中绕不开的话题。

首先，从经营的角度，企业所处的生命周期不同，遇到的瓶颈不同，企业的战略和经营重点也不同，需要经营管理者理性客观看待。一般来说，企业年营收指标在1000万元以内，主要依靠企业老板的专业能力和综合能力；企业年营收指标在1000万元至3000万元，主要依靠原始核心团队的建设；企业年营收指标在3000万元至1亿元，主要依靠营销推动，这也是内外部瓶颈的分界点；企业年营收指标在1亿元至3亿元，发展的主要瓶颈在于营销和研发，企业也在这个阶段完成资本积累；企业年营收指标超过3亿元，发展的重点突破策略不再单一依赖营销，但是营销仍然是企业战略考虑的重点。这些数据和内容受行业发展、外部环境、老板的个人喜好、企业资源和企业的实际略有不同。

其次，中小企业的决策是企业最大的成本，老板是最大的决策者，想要影响他们，一定要学会用数据说话。对于中小企业来说，除了一小部分股份制企业外，大部分企业老板对企业的整体盈亏100%负责任，他们在决策时有着自己的价值观和判断标准。直接改变老板的决策有较大难度，但是可以做到用数据影响他们的决策。

如问题中所言，企业规模没有与利润同步增长，可以采用销售额、销售额增长率、利润、利润率等数据对比，以图表的方式进行展示和说明，指出经营中需要注意的事项，财务部门给出具体建议。用数据说话的主要方式是数量、金额、百分比，同时可以把复杂的各种报表转换为简单易懂的文字、图示等。

再次，运用一些企业经营的案例促进老板观念的转变。企业经营中的正面案例随处可见，笔者在此不赘述。在实践中，笔者发现企业经营中一些错误的做法，在另一些不同的企业里重复出现，产生了大量的沉没成本，给企业带来损失。如某企业单纯依赖老板个人能力，陷入日常具体事务处理之中，缺乏核心团队，使企业多年徘徊不前；某企业核心部门职能未能良性发挥，导致企业规模不能进一步扩大；某企业绩效考核设置不合理、考虑不周全却全面实施，导致员工大面积罢工；某企业老板不重视降本增效，对成本控制不力导致企业产生亏损；某企业没有建立与企业规模匹配的组织架构，使企业再次发展壮大的机会受到限制；某企业老板缺乏变革魄力，错失企业改变和提升的良机，使企业综合竞争力下滑，被后来者超越；某企业关键人才管理权限分配不合理，授权过于集中，违反分权常识，导致企业利益受损，最终关键人才离职，影响了企业发展的进程；某企业未经科学论证便决定投资新项目，在投入大量资金、设备、厂房、人力后，才发现新项目与预计利润相差甚远，且订单受客户设计变化影响波动极大，最终导致亏损严重，新项目草草收尾接近关闭；某企业没有完全考虑企业实际，盲目推行承包制，在遇到订单减少的问题时发生矛盾，大量人才离开，企业发展倒退等。

用案例来触动、促进、帮助老板的经营管理观念改变，也是笔者写书的目的之一。对于财务部门来说，可以适当收集一些正面和负面的案例供老板参考。

最后，对于有些企业老板来说，口才、理念、案例都难以说服并彻底改变他们的观念，除非老板有亲身经历或者被市场所教育。换句话说，老板一些观念的根本性转变通常伴随着效益的改变。下面是经营效益影响老板观念的案例。

案例 37

企业营收规模降低　抓成本利润反增加

H企业是笔者长期、间断性、分阶段辅导的项目，企业每年的营收规模在一亿元以上浮动，企业老板是营销出身，每月在外出差的时间远大于处理内部事务的时间。

在咨询项目过程中，咨询老师除了帮助企业规范管理、建立流程，也推动了企业的降本增效活动，并取得了一定的效果。但是，由于老板的工作重心一直在营销上，尽管咨询老师多次与他沟通成本管理问题，他仍然认定"开源"比"节流"更重要，没有将太多心思放在成本和内部管理上，导致企业一部分成本潜力没有被完全释放出来。

在一次新的阶段性辅导过程中，咨询老师发现了企业老板的明显变化。他在降本增效和内部管理上的时间明显增多，对降本增效工作内容的参与度更高，处理成本的工作力度明显加大。

咨询老师询问他改变的原因，他回答："以前项目组老师在企业驻厂时，我总认为营销是企业最重要的事情，并且自己还比较擅长，内部管理和降成本这些工作不如营销带来的经营业绩快、多。你们总是提醒我关注降本增效，我当时没有把它当成一件重要的事情。现在企业多年经营下来，我认为成本工作也非常重要，降本增效一样重要，对企业的利润影响较大。"

原来，自上次辅导以后的两年里，受材料、人工成本上涨等外部因素影响，企业所处的行业一直不景气，最好的营收规模达到1.2亿元，次年营收规模仅达到了9000万，低于正常年份的15%以上。

在这场行业危机中，不少同行企业通过缩减规模、停产、裁员等手段应对危机。这家企业老板选择了抓内部管理、降低整体成本的方式来应对。在营收规模缩减到9000万元的这一年，通过降低成本，赚

> 取了1100万元的利润。相比最高营收规模1.2亿元、利润1000万元的业绩，前者利润率反而更高、总利润更多。

在数据和收益面前，企业老板的观念彻底发生了改变，也充分说明了观念和效益是一个相互促进的过程。

二、经验型的生产副总该怎样推动降本增效？

本节降本增效切入点

- 经验型高管抓降本增效活动，第一个要点是提高对降本增效的认知。
- 经验型高管抓降本增效活动，第二个要点是了解降本增效现状及目标。
- 经验型高管抓降本增效活动，第三个要点是准确识别成本及关联范围。
- 经验型高管抓降本增效活动，第四个要点是分析问题点形成降本增效思路。
- 经验型高管抓降本增效活动，第五个要点是选取一个点落实降本增效动作。
- 经验型高管抓降本增效活动，第六个要点是成立降本增效攻关小组。
- 经验型高管抓降本增效活动，第七个要点是推动合理化建议机制落地。

- 经验型高管抓降本增效活动,第八个要点是形成一连串降本增效机制。
- 经验型高管抓降本增效活动的操作过程:抓小思维→抓大思维→两手抓思维→反复抓思维。
- 一手抓问题的解决,另一手抓问题解决的标准化,两手都要抓,两手都要硬。只有两手抓才能避免长期当"救火队长"。

提问:我是一位在企业工作十多年、从一线逐步成长起来的生产副总,主管公司各生产部、PMC部(含仓库)、工程部(工艺和维修),日常工作以"救火"为主,也就是大家常说的"救火队长"。学历不高,对财务知识了解也不多,公司要降低成本,该怎样推动降本增效活动?

答:在回答这个问题前,先了解案例38一位"救火队长"式生产副总在降本增效中的做法。

案例38

企业经营脱困境　生产副总立大功

J企业是笔者在2012年辅导过的一家中型企业,也是笔者在咨询生涯中遇到的为数不多印象深刻的案例,这一案例既特殊又普通。

特殊点之一是J企业在大环境良好时,因为与他人发生矛盾冲突,处于半停顿运作状态长达两年;特殊点之二是J企业经营状况不容乐观,无论是内部运营还是外部供应商和客户,主要依靠企业老板的个人魅力和极为有限的资金苦苦支撑,已经到了生死存亡的紧要关头;

特殊点之三是这位12岁就进入社会的老板，召集所认识的人为企业的出路出谋划策，最后在一位营销总监（笔者辅导过他所在的企业）的推荐下，毅然选择了找咨询公司协助摆脱困境，并在一次短暂的接触后就决定合作。

普通之处是J企业存在着大量企业常见的问题：人情化管理严重、各部门架构与职能不清、岗位职责不明确、管理内耗严重、订单交付失控、计划管理失控、物料管理失控、员工散漫随意、仓库管理失控、品质管控薄弱、返工严重、成本管理失控、责任机制缺失。

笔者在调研中发现，成本方面突出的异常现象有："装配组长反映，生产中经常出现少配件、没有包装材料、折弯角度大、漏压铆、漏焊接、扩孔过大、产品变形等异常问题""钣金车间、转冲压车间无法及时生产，安排生产时才发现如贴纸用铝板、适配器安装板、光缆固定板等没有模具""钣金部生产经理凭经验判断返工率在70%以上，品管部反映返工率不低于60%""挡板、沉孔底部变形凸起约1.5mm，生产1120pcs，不良1120pcs，不良率100%"。

组织架构显示，除了财务部门不属于副总经理姜先生管辖范围外，其他部门都归他管理。笔者调研发现，副总经理的工作主要以解决出货为主，每天忙于解决欠料、模具、排产、品质、人员协调、出货、各种突发异常等问题，自嘲是典型的"救火队长"。企业曾经试图建立过一些流程和制度，由于他的频繁介入和企业以领导指令为主，实际操作并没有按流程运作，致使本来残缺不全的流程、制度完全沦为"一纸空文"。

老板对他的评价是："每天都很忙，总是大声说话，脾气急躁，有时甚至骂人，忠心耿耿但能力有限，带领不了企业摆脱困境。"

在咨询方案正式实施前，项目组对组织架构重新进行梳理，将PMC部、品管部独立出来，设置技术中心、营运中心、制造中心、财会中心等，分别设置相应负责人，姜先生被任命为制造中心副总。咨询方案正式实施后，项目组重新梳理了企业的主要流程、职能、职责和管理目标，物料类问题由PMC部负责，模具类问题由技术中心负责，品质类问题由品管部主导解决。

根据企业财务数据、订单状况，聚焦客户订单准时交付，减少生产异常，减少各种浪费即可迅速扭转不利局面。结合姜先生的过往经历，项目组决定聚焦工作内容、减少他的工作量，原则上他只需要每天下两次车间，负责三件大事。一是在PMC部的主导下，与各生产车间共同确定PMC部下达的次日出货计划，未完成的计划负责追究责任，并监督责任生产车间制定弥补计划；二是对各生产车间负责人提出的人力资源需求进行合理调配；三是各种成本异常解决方案的审核，如补料、批量不良产品、返工类问题的临时处理及长期处理方案等。

与一些企业固执己见的生产副总不同，姜先生能清醒地认识到自己的长处和不足，对项目组中肯的建议能虚心接受并迅速执行到位。他每天上午到装配车间及其他生产车间查看进度，催促各车间负责人完成计划，每天下午守在货车旁等成品装车，如果出货计划没有达成，他会对责任人进行严厉批评并追究责任。其余时间都在办公室协调资源、审核相关方案。并在项目组的帮助下，将上述问题的标准化要求逐步形成流程和相关制度。

第六章　不同岗位降本增效策略

> 项目运行第1个月，交货情况明显好转。原本企业一直在争取却迟迟没有回应的行业巨头S客户，下达了长达半年的首次大批量订单，一些之前小批量交货的大客户开始逐步追加订单，这些信息都为这家举步维艰的企业带来了新的希望。
>
> 项目运行第2个月，S客户订单开始批量交付，包装人力出现短缺。姜先生率先挺身而出，每天亲自去包装车间加班到半夜，在他的带动下，全公司各职能部门管理人员，纷纷在日常工作完成后主动加班。在J企业人力没有增加的情况下，当月销售额增加了73.91%。
>
> 后续月份也都在第2个月的基础上保持或有所提升，J企业摆脱了经营困境。

姜先生是典型的经验型管理者，经验型管理者一般从基层做起，对企业各方面很熟悉，有良好的团队精神，靠经验做事和管事，将经验当成知识，缺乏系统思维，通常不喜欢和数字打交道，缺乏逻辑数据的处理能力。

结合案例38及新的形势对生产副总的要求，推行降本增效活动的要点总结如下：

要点一是提升对降本增效的认知。 首先，降本增效是企业最需关注的事情，而不是一项阶段性任务，它伴随着企业运作的整个过程，在生产制造过程中更容易体现。其次，成本不仅指直接与经济相关的事项，还包括时间成本，如产品周期的缩短、交付时间的准时；还包括沟通成本、空间成本等，如信息沟通的顺畅与准确、更少的库存占用等。再次，效率的提升也是降本增效，同样的资源有更多的产出，成本自然降低。最后，降本增效的难点不在于财务知识和经验，而在于观念的转变、思路的形成、动作的改变。

要点二是了解降本增效现状数据及目标。 作为一名经验型的生产管理者，无论是否愿意或是否喜欢用数据，最终都要养成用数据说话的习惯。作为生产副总，至少需要了解物料成本、人工成本、制造费用等现状的数据及管控目标。如果没有设定目标，就会失去方向。企业如果没有降本增效数据，可以先统计现状数据，再根据实际设定目标。

要点三是准确识别成本类型及关联范围，这是生产系统的人员与财务人员的争议点之一。 财务人员比较容易理解各种成本类型，如变动成本、固定成本、混合成本、可控成本、不可控成本、直接成本、间接成本等。生产管理人员对这些成本类型的理解相对差一些，需有适当的培训，使生产管理人员有基本的成本知识。

理解了成本类型，在实际操作中，生产管理人员还希望知道它们的关联范围。如制造费用，同样的数据内容，由于每家企业有自己的定义范围，统计出来的数据可能各有偏差，这也是生产管理人员不能理解成本数据的原因。正确认识成本内容，准确了解各项成本与费用的关联范围，能够把财务数据放在生产管理中去理解，是生产管理人员系统解决成本问题的关键一步。

要点四是分析问题点形成降本增效思路。 在第二要点的基础上根据现状形成降本增效思路，具体可用头脑风暴法、分组讨论法、专题讨论法等，需要具体到每一种成本类型的降本增效思路，为下一步的降本增效动作落地打下基础。如某企业包装纸箱的降本增效思路为：（一）合并内部纸箱规格，将现有41个规格统一合并为10个常用规格，新产品包装箱在这10个规格中选取，定制纸箱按需请购，不再备任何型号的库存；

（二）按合并后的纸箱规格重新统计月度、年度需求数量，与现有供应商谈判采购单价，同时开发新的供应商；（三）检讨现有纸箱设计质量及交付质量，保证纸箱质量及产品的安全防护；（四）将纸箱仓库账物卡准确率提升到98%以上，减少因库存数量不准造成的超量请购；（五）工程部重新评估现有产品包装方式，减少多余空间及填充物。

要点五是选取一个点落实降本增效动作。无论降本增效是从物料成本、人工成本开始，还是从制造费用开始，实用的诀窍都是先选一个点落实降本增效动作，这样做的好处是问题容易识别、容易被控制、容易形成循环、占用的资源少、容易出成果；另一个实用的诀窍是从物料成本开始阻力最小、较为稳妥，如果一开始就降低人工成本，阻力可能较大。降本增效选取的角度不同，降本增效最终的效果不同。即使选取的角度是物料成本，仍需选取其中的一种物料开始，而不是一股脑全部推行下去。注意，每一种物料都有不同的处理和管理方式。

要点六是成立降本增效攻关小组，在确定了降本增效对象后，可以成立一个或多个降本增效攻关小组，打破部门间及现有各种关系的限制，实现降本增效的突破。

要点七是推动合理化建议机制落地，在降本增效初见成效和攻关人员充分参与后，可以推动合理化建议机制的落实，激发一线员工对降本增效工作的参与热情。

要点八是形成一连串降本增效机制，在推行上述动作有效果后，需要考虑将这些有价值的机制固化、提高、优化，同时产生更多的降本增效机制，促使降本增效活动顺利进行，促进降本增效目标达成。

上述操作过程也包含了抓管理的底层逻辑，表现为抓的四个思维，详见图4。

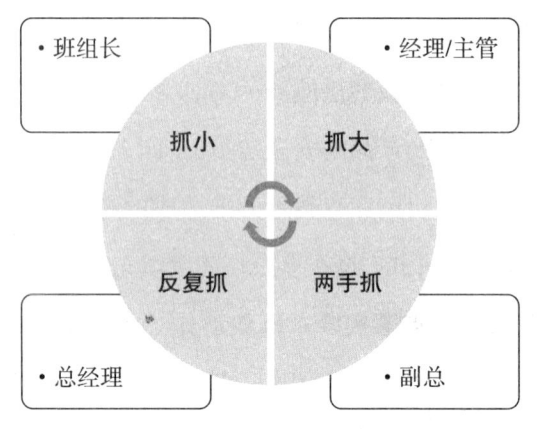

```
        ┌─────────┐         ┌──────────┐
        │·班组长  │         │·经理/主管│
        └────┬────┘         └────┬─────┘
             │   抓小 │ 抓大      │
             │────────┼────────  │
             │   反复抓│ 两手抓    │
        ┌────┴────┐         ┌────┴─────┐
        │·总经理  │         │·副总     │
        └─────────┘         └──────────┘
```

图4　抓管理的四个思维

一是抓小思维，遇到问题时从小处着眼，从小处开始抓，抓好一件事情有结果后再去抓别的事情。如海尔的管理是从"不迟到、不早退、不旷工""不准在车间大小便"开始抓起，某花园式机加工企业创立之初从"车间地面不能有一滴油"开始抓管理，只要地面上有一滴油，生产车间人员须立即停机，将地面擦拭干净后再生产，仅这一项基础工作，企业抓了两年的时间，之后企业再推行5S活动就相当顺利。这是一个互相信任、达成共识的过程，是一剂推动执行力的良方，也是一种执行文化。

优秀的班组长需具备抓小思维的能力，会抓小，能抓小。

二是抓大思维，遇到问题时抓到问题的重点，抓主要矛盾，抓主要矛盾的主要方面。比如抓成本，需了解排名靠前的成本有哪些，每项成本里哪些是主要问题，每项主要问题用哪些有效动作可以解决。这体现了管理者的大局观念、全局意识和系统性、逻辑性。

优秀的主管或经理需具备抓大思维能力，会抓大，能抓大。

三是两手抓思维，遇到问题时，一手抓问题的解决，当好"救火队长"；一手抓问题解决的标准化，建立流程、控制动作、数据、表单；两手都要抓，两手都要硬。只有两手抓才能避免长期当"救火队长"，副总需具备两手抓思维，能够做到两手抓。

四是反复抓思维，这是对问题规律的认识。它包含两个层面，一是问题解决起来不会一蹴而就，当解决问题的得分从60分到90分后，它不会一直继续上升，而是在解决问题的过程中反反复复，可能会掉到80分、70分，经过再次努力保持了系统的稳定，它会再提升，最终逐步达到目标。二是高层管理者应该每天关注和解决企业里反复出现的问题，张瑞敏说："反复抓、抓反复，一抓到底，抓出一种模式来！"

以上四种思维存在明确的递进关系，正如优秀的班组长可以晋升为主管，只是负责的范围和层面扩大了。

三、成本会计如何控制低值易耗品？

本节降本增效切入点

- 从低值易耗品开始降本增效，从"小事"开始提醒大家关注成本，激发企业人员的成本意识。
- 从低值易耗品入手控制成本，既能彰显领导层要求降本增效的愿望，又能在操作中最大限度避开复杂的人际关系。
- 控制低值易耗品是"小题大做"，从中可以纠正、培养企业人员的成本意识和降本增效的执行力，为后续的降本增效活动打下良好基础。
- 明确低值易耗品的具体管控对象，细化每一项物品管控的落地方法。
- 建立明确的低值易耗品全流程管控。
- 检查低值易耗品全流程管控的执行情况。

- 收集低值易耗品降本增效成果，定期对低值易耗品管控流程的实施效果进行鼓励和表彰，同时检讨、修正相关内容，以符合持续降本增效的要求。
- 对低值易耗品实施降本增效管理的过程，是一个唤醒企业成本意识的过程。

提问：我是一名成本会计，一直有一个疑问，低值易耗品在成本中所占的比例并不大，公司领导却经常说要先从低值易耗品开始控制成本，控制这些有什么意义呢？怎样控制才彻底？

答：控制低值易耗品是企业降本增效活动中不可缺少的一项内容，笔者认为，控制这项成本至少有三方面意义。

一是从"小事"提醒大家关注成本，激发企业人员的成本意识。 低值易耗品是企业人员认为经济价值不大的"看不上的成本"，常常采取忽略态度。但恰好对这些低值易耗品的管理，不吸引人注意，相对容易控制，也容易产生效果。大家在看到效果后，能够克服对降本增效的畏难情绪，消除各种不能降本增效的借口，也能够促进更多人员积极参与降本增效工作。

二是从低值易耗品入手控制成本，既能彰显领导层要求降本增效的意志，又能在操作中最大限度避开复杂的人际关系。 企业里大部分事情相对容易，但人际关系相对复杂，将事情做好是管理的科学，将事情做好的同时又不得罪人是管理的艺术。从低值易耗品开始降本增效，正是这种逻辑的体现。

三是控制低值易耗品成本可以纠正、培养企业人员的成本意识和降本增效的执行力，为后续的降本增效活动打下良好基础。 低值易耗品本身价值不高，控制它们成本的潜在教育意义大于实际经济意义。在控制低值易耗品的过程中，可以看出参与者对降本增效的心态和降本增效执行情况，管理者可以适时给予教导和纠正。

对于成本会计而言，彻底控制低值易耗品成本的做法，有以下几个要点。

首先，明确低值易耗品管控的具体对象，细化每一项物品管控的落地方法。例如，笔者在辅导某企业降本增效项目的同时兼任企业执行总经理（不负责业务的总经理），曾要求财务科长写了一份关于低值易耗品以旧换新的文件，他实际只拟定了一份通知，规定了哪些低值易耗品需要以旧换新，认为这样能执行下去。其实，笔者对此持保留意见，为了鼓励财务部门的热情，仍然让他们先推行下去。

仔细分析这一步骤，规定以旧换新的类别和具体物料，原则是只要能提供旧品的物料都要以旧换新。笔者相信这一原则大家都知道，财务科长也是这么写的："只要能够提供旧品的低值易耗品，都要提供以旧换新。"仔细想一下，加上这句话就可以执行到位了吗？其实不然，仍缺乏可实施的细化标准。财务部门需对公司所有低值易耗品有一定的了解，明确每一项低值易耗品是否需要以旧换新，具体到低值易耗品的名称、规格，每一项旧品换新品的标准，每一项旧品换取新品的领用方式和发放方式，每一项以旧换新后旧品的日常管理和处理等，这样才能落地执行。

其次，建立明确的低值易耗品的全流程管控。对于低值易耗品，从请购、采购到验收、定额标准、领用，再到定额标准、来料质量、使用质量的反馈，最后到盘点、考核、二次维修、报废，都需要有详细及明确的控制要点、控制方法、控制内容，包括它们可能产生的例外状况。

对于成本会计而言，在实际操作中，可以先选取1-2种用量较大的低值易耗品，从某一个生产部门开始管控，在取得管控成果、积累经验后，再全面展开，这样操作起来相对比较稳妥。这里特别提出一个值得注意的问题：在降本增效过程中，不能因为存在例外、特殊情况，在流程初始阶段没有覆盖的情况下，出现"浑水摸鱼"现象，不执行正常的流程要求。

再次，检查低值易耗品全流程管控的执行情况。如低值易耗品的请购周期问题，是每天请购还是每周请购，是每两周请购还是每月请购；低值易耗品的来料质量是否符合需求质量，送样质量与实际批量交货质量是否相符，交付之后的质量出了问题是否有人愿意及时反映给采购；对低值易耗品的考核目标设置是否妥当，考核结果是否符合双方的期望等。对检查出来的低值易耗品涉及流程的未执行问题，要求相关部门负责人回复，限期整改执行，同时将检查到的执行情况知会企业高层领导。

最后，收集低值易耗品降本增效成果，定期对低值易耗品管控流程实施效果进行鼓励和表彰，同时检讨、修正相关内容，以符合持续降本增效的要求。对于执行流程并取得低值易耗品降本增效明显效果的部门提出表彰，对存在问题的控制内容、控制要点进行局部修正，使人和事相互促进、相互提高。

对低值易耗品实施降本增效管理的过程，是降本增效精细化管理的体现，是一个不断受控的循环过程，也是唤醒企业成本意识的过程。

四、如何处理食堂的降本增效？

本节降本增效切入点

- 将食堂交由专业的膳食服务公司承包，采用半市场化的方式进行交易和管理，既能达到多数员工满意的效果，也能达到降本增效的目的。

提问：企业为员工提供了包吃包住的生活条件，住宿相对比较好管理，也容易控制成本；而食堂的管理比较麻烦，伙食好一些成本却高了，控制了伙食成本又有员工说伙食太差，时不时向高层领导投诉，食堂应该如何管理？怎样才能做到让大多数员工满意又能使这项成本受控呢？

答：这个问题看似简单，实际却是复杂且非常具有代表性的问题。大多数制造型企业为了保证生产的连续性、员工的稳定性和生活的便利性，为员工提供了伙食服务。

有的企业伙食完全免费，有的象征性收费，有的全额收费。其中，有一部分企业自主管理，自行采购食堂所需的食材和物品，有自己的厨师和食堂服务人员，他们认为这种管理方式能够最大限度地将支出费用落实在企业员工身上，让员工享受到实实在在的好处；另一部分企业采取食堂整体外包形式，由膳食公司提供服务，愿意给膳食公司享有合理的利润，他们认为这种方式操作相对简单，不用承担伙食类后勤人员的工资和福利支出，也不用投入更多资源参与伙食管理。两种做法都各有道理，需适合企业情况。

"民以食为天"，长期以来，伙食问题一直困扰着企业。伙食不好，影响员工的满意度，轻则引发怨言，重则引起员工流失。大部分企业都有自己的成本控制标准，只有一小部分企业愿意提高伙食标准。伙食问题一直是集体中"众口难调"的老大难问题。北方人喜爱面食，南方人中意米饭；有的人喜欢吃辣，无辣不欢，而有的人一点辣都不能吃；有的人喜欢清淡低盐，有的人喜欢油腻厚味；从事体力劳动的人员和从事脑力劳动的人员，对伙食的需求有较大的差异。

有人认为每一个需求的食品种类都配备一些，这些问题就迎刃而解。的确，大企业有充足的资源和能力来分门别类处理伙食问题。但是制造业大部分是中小企业,资源有限,本文讨论的主要是这类企业的食堂管理问题。

一个人多年的饮食习惯形成之后,不容易改变,而企业却要把人们聚集在一起就餐,希望在大多数人满意的情况下合理控制成本,这本身就是一个难题。

自2006年笔者转行开始辅导企业,伙食问题一直在各个企业不同程度地存在,企业也在不断摸索、不断尝试,试图将这个问题解决得更好。

接下来笔者选择3家有代表性的企业食堂管理探索之路,帮助读者考虑所在企业的食堂管理问题,以及选择下一步该怎样管理食堂。

案例39

三家企业探索食堂问题 多次调整半市场化解决难题

❖ A企业食堂由自主管理到对外承包

A企业有员工160多人,公司提供中餐、晚餐、夜宵,员工和管理人员统一就餐。食材和相关物品由公司行政人员和厨师一起采购,聘用厨房人员含厨师一共4人。

经不记名问卷调查统计,A公司员工伙食满意度为32.73%,主要问题是:"环境卫生、个人卫生""口味单一"等。

当外部环境变化,企业经营业绩严重下滑时,行政部按公司降本增效的要求,向食堂提出了缩编1人的要求,遭到食堂人员的强烈反对,他们认为目前工作量已经超负荷,如果人员减少将无法运行。

经公司领导层多次讨论,为了管理和降低人工成本,决定将食堂外包出去，公司支付餐费及应承担费用，具体由行政部负责处理相关善后事务。

在对比多家外包膳食公司和本公司厨师提出的方案后，最终选择以本公司厨师为主体的人员进行承包，双方签订了为期一年的《食堂承包协议》，对以前出现的问题和一些规范性的要点进行明确约束，其中伙食满意度与食堂的收入及付款周期挂钩。承包后减少了一名帮厨，增加了菜品种类，改善了食堂卫生，规范了服务人员的个人卫生。

经统计，承包后A企业的伙食满意度稳定在65%以上，每月食堂管理费用至少节约12000元。

❖ B企业食堂由对外承包到餐标调整

B企业有员工800多人，公司为员工提供中餐、晚餐、夜宵，经理级以上人员有干部餐厅，员工食堂由外部的膳食服务公司承包。企业有完整的《食堂管理制度》，也成立了伙食委员会，定期对食堂进行检查。

B企业经营业绩时有亏损，经不记名问卷调查统计，员工伙食满意度仅为22.1%，而公司人员流失率高达17.86%，在离职原因中，至少有30%的员工表示与伙食有关。

针对这种情况，B企业采取了一些措施。首先是企业总经理带领所有经理级以上人员到员工食堂体验一次，体验后的结论是膳食服务公司工作不到位。接着更换了另一家膳食服务公司，企业总经理要求行政部每餐将员工食堂的菜品各打一份，交由干部餐厅品尝。新的膳食服务公司给员工带来了一些希望，可是不到3个月的时间，员工伙食又恢复原来的样子。

接下来企业总经理召开专题会议讨论伙食问题，在会前做了充分的调查，结论是餐费标准太低。按照企业经营业绩，现阶段企业不太可能增加伙食支出。员工也不愿意多负担餐费。最终决议，取消就餐人数不多的早餐，将早餐费用增加到其他三餐中，提升单餐费用标准。

经过这次调整，据行政部统计，该企业员工伙食满意度增加到60%左右，之后基本保持在这一水平。

❖ C企业食堂由餐标调整到自由选择

C企业有员工500多人，公司为员工提供中餐、晚餐、夜宵，企业也曾经历了A企业、B企业极为相似的多次调整，也更换过几家膳食服务公司，最终在近两年采用半市场化的方式解决了这个难题。

C企业食堂采用膳食服务公司外包方式，明确每餐的伙食标准，要求膳食服务公司必须同时提供一种基础套餐和多种自选菜品，自选菜品的食材、口味、烹饪方式比基础套餐中的菜品更好，价格更高。同时规定，基础套餐的菜谱需要提前一周提供给企业，自选套餐菜品价格不得高于周边市场价格。

C企业实施刷卡就餐，每位员工可自由选择基础套餐或自选菜品。企业为每位员工每月提前充值餐费补贴到餐卡账户，每月补贴为固定金额，每天每餐限定最高消费额度。

如果某餐员工没有刷卡就餐（如出差或厂外自行用餐），系统将不发生实际餐费补贴，余额不做累计。如果每天每餐超出规定部分费用，由员工与膳食服务公司自行扫码交易。如果每月员工提前消费完成，不足部分由员工自行找膳食服务公司人员充值。如果每月底员工餐卡仍有未消费余额，每月最后一天清零。

> 行政部负责检查食堂日常卫生状况，做好与膳食服务公司沟通的窗口。伙食委员会负责每天监督基础套餐和自选菜品的质量，对菜品定价进行比对并根据实际提出异议。伙食委员会成员对食堂服务进行评价，接受员工关于食堂的各种投诉，定期对食堂服务提出工作要求。行政部负责处理各种食堂投诉，跟踪伙食委员会对提出的各种食堂问题的解决。
>
> 经统计，C企业员工伙食满意度高于70%，企业食堂管理费用与之前自主管理对比没有增加，食堂管理工作更规范。

C企业的操作并非毫无漏洞，但整体做法值得推广。它在控制食堂费用的同时，各方都比较满意。这种做法的要点如下：

- ❖ 将食堂交由专业的膳食服务公司承包。
- ❖ 优先选择有一定成本优势的膳食服务公司，如膳食服务连锁机构、自有蔬菜基地、自有粮油基地等。
- ❖ 企业有备用膳食服务公司，保证可以迅速切换。
- ❖ 设定基础套餐和自选菜品，对菜谱和定价作出规定。
- ❖ 对员工餐费的充值管理和日常使用管理有详细规定。
- ❖ 伙食委员会、行政部与膳食服务公司的良性互动。

这种做法的实质：在食堂管理整体受控的情况下，将员工伙食的自由选择权交给员工，将伙食的部分定价权交给市场，双方双向自由选择，公司行使决策权和监督权。

附录

基于内在驱动的大承包制

现有承包的问题点

❖ 考核内容过多承包人无法承受；

❖ 考核内容过少起不到应有作用；

❖ 承包制变化成为绩效考核的翻版；

❖ 承包制实际成为计件制度的翻版；

❖ 承包制考核的内容无法真正落地；

❖ 计划达成及品质未达到管控目标；

❖ 承包制的综合成本并未大幅减少；

❖ 每一次的承包制都不能持续下去。

问题点溯源分析

根本原因：

A. 承包人责权利不对等。

B. 承包不彻底，劳资双方互相信任程度还不够。

根源：

A. 承包人内在驱动力不够。

B. 每次靠外在力量推动。

大承包理想模型

- ❖ 合适的人："包工头"式的负责人。
- ❖ 合适的事：承包范围内主要业绩达标。
- ❖ 管理方式：无限接近于外部交易的内部交易管理方式。
- ➢ 优点：最大限度发挥人员积极性，承包内容落地，业绩容易达标；
- ➢ 缺点：制衡不易，小团体盛行，离开会是一群人集体离开。

大承包实施步骤

- ❖ 定标：业绩指标、资源指标、交易规则。
- ❖ 给利：给出承包人实际利益。
- ❖ 放权：给到承包人实际权利。
- ❖ 算账：根据实际结果计算收益。

大承包制具体做法（以AD1组为例）

定　　标	给　　利	放　　权	算账（责任）
资源指标-人力 14人 承包人1人 技术员4人 作业员9人	每月指导性待遇：承包人1人18000元 技术员4人36000元 作业员9人54000元 按标准人力配置及待遇给出综合工资，乘以1.1倍计算工价	用人权：组内人员自行招聘权；组内人员待遇决定权；组内人员数量使用权。（以上高于标准须先报公司批准） 组内人员任免权、岗位调整权、奖罚权，以上权力执行办法均须先报公司备案，如需公司代招，收费500元/人	对用人数量、工作技能教导、工作质量、安全生产负责
资源指标-机台 AD工序机台120台 AC工序机台16台		机台维修保养权	对机台维修保养负责
资源指标-物料投入		物料领用及管理权	物料损耗金额=当月净超耗数量*0.015
资源指标-生产计划编排		生产计划执行权 生产计划反馈权	计划项达成率>98%，每高于1%奖励500元，每减少1%扣除500元
资源指标-机器配件		配件领用权 配件采购品牌建议权（低于公司单价时）	暂定指标为2万元/月，乘以1.1倍后配件费用将不再单列
资源指标-品质标准		品质标准执行权	工序合格率>97%，AD工序数量按AE工序第1道仪表数据计算
承包人增加综合收益渠道： ①提高综合产量多挣加工费； ②少用人力或找到低于公司工资标准的人力； ③提高生产计划项达成率获取奖励； ④提高产品合格率获取奖励； ⑤节约配件或找到更好质量的配件，减少配件费用支出。			承包人净收益：综合收益-组内人员工资+/-承包指标收益 承包人净收益每月核算1次，发放基本工资12000元用于支付承包押金，剩余部分每3个月支付1次。

大承包带来的问题与对策

Q：承包人用人都是自己的亲属或老乡怎么办？

A：将亲属或老乡的比例限制在30%以内，多出人员用于其他部门。

Q：承包组内发生工伤如何处理？

A：非公司原因造成的工伤等安全事故，事故损失≤10000元由承包人负全责，事故损失＞10000元以上的，公司除对承包人处罚10000元外，其他由承包人承担。

Q：承包组内产生劳动纠纷被问责或被行政处罚如何处理？

A：由公司产生的劳动纠纷由公司负责，劳动纠纷非公司原因产生的，由公司代为处理，承包人负责处理费用的50%。

Q：承包人可以更换吗？

A：可以更换，根据业绩指标动态调整，如计划达成率3个月未达标则更换承包人。

Q：承包人需要交纳押金吗？

A：为防止承包业绩出现较大波动，承包人须至少提供1个月工资的押金，也可以在承包收入中逐月扣除。

Q：承包人忽视长期效益只顾眼前节约怎么办？

A：设定承包人基本要做到的各种要求，在资源配置上设定上限、下限、红线。

Q：承包人担心收入过高被公司调整怎么办？

A：设定承包人总收入的上限与下限。

Q：如何防止承包人被挖角？

A：高于同行业的收入，储备备用人选，向其他企业主动挖角。